佐藤一斎「言志四録」を読む

神渡良平

致知出版社

改訂版の序

平成十四年（二〇〇二）十月二十六日、秋深い岐阜県恵那《えな》郡岩村《いわむら》町の歴史資料館の前庭で、三百名近い人々が集い、岩村藩出身の幕末最大の儒学者佐藤一斎《いっさい》の銅像の除幕式が執り行われた。

佐藤一斎とは徳川幕府唯一の大学である昌平坂《しょうへいざか》学問所（昌平黌《こう》）を統括した儒者で、今でいえば東京大学総長に匹敵する人である。当時全国に二百三十余りの藩校があったが、それらの藩校で優秀な成績を収めた者たちは更に昌平坂学問所に進み、佐藤一斎の薫陶を受けた。門弟数千人といわれるが、高弟には佐久間象山《しょうざん》、安積艮斎《あさかごんさい》、大橋訥庵《とつあん》、横井小楠《しょうなん》などがおり、勝海舟《かいしゅう》、坂本龍馬、吉田松陰《しょういん》、あるいは「米百俵」で有名な小林虎三郎《とらさぶろう》は孫弟子に当たる。

明治維新の三傑西郷隆盛は島流しされた沖永良部《おきのえらぶ》島の牢獄の中で、佐藤一斎の名著『言志四録《げんししろく》』を読み、その中から百一項目を書き出して、『手抄言志録《しゅしょう》』を編み、自分の資質に供した。このように、志を高く抱くことの大切さを説いた佐藤一斎は、幕府側、朝廷側を問わず、幕末の青年たちに大変な感化を与えている。

その佐藤一斎が一躍脚光を浴びたのは、一昨年（平成十三年）の五月、小泉純一郎首相が教育改革関連基本法案を論議している衆議院の席で、『言志四録』の一節「三学戒《さんがくかい》」、「少《わか》くして学べば、則《すなわ》ち壮にして為《な》すこと有り。壮にして学べば、則ち老いて衰えず。老にして学べば、則ち死して朽《く》ちず」

を採り上げ、生涯学び続けることの大切さを説いたことからだ。

佐藤一斎とは何者だ、『言志四録』とはどういう本だと色めき立ったマスコミは、早速これらのことを調べ上げ報道した。そのことから幕末の老儒学者に一斉にスポットライトが当たった。

これを知った岩村町の人々は小泉首相に面会し、岩村町歴史資料館の前庭に建てられている石碑「三学戒」の拓本を贈呈した。そして平成十四年の佐藤一斎生誕二百三十年を記念して銅像を建立しようとしているので、その碑銘を揮毫《きごう》してほしいと依頼した。小泉首相は快く引き受け、その碑銘が届いて、十月二十六日に晴れて除幕式となったのだ。

実はこの「三学戒」の碑文は平成八年（一九九六）に私が書いたものである。私はこの石碑を建立するとき、全国の同友に次のような趣意書を送った。

「――ただ私はこの石碑建立によって、過去の偉人を顕彰しようというのではありません。『志こそが人間のレベルを決める』という価値観を表している『言志四録』の一文を岩に刻み、高らかに掲げることによって、現在の世代にもこういう価値観を大事にして、それぞれの一隅を照らそうとしている者たちがあることを示そうというのです。

おそらくこの石碑が建つ場所は日本の霊的エネルギーが結集された最高に霊位が高いエネルギースポットになるだろうと思います。坂村真民《しんみん》先生の真言碑『念ずれば花ひらく』が有志の手によって全国に建立されることによって、日本の乱れた霊相を鎮《しず》め、かつ霊位を高める役割を果たしているように、この石碑も鎮護国家の役割を果たすでしょう。

その石碑建立のため、いま皆様から浄財を募っています。大口の寄付は必要ありません。みんなでエネルギースポットを形成しようというのが目的ですから、なるべく多くの人が参加されることが大事なのです」

それに共鳴した人々が続々と浄財を寄せてくださり建立された。岩村町はそれまでにも増して一斎の勉強会が開かれ、次第に人間学の里となっていった。それから六年、そのうねりは首相をも巻き込んで、銅像建立に発展したのだ。私は森本宏内閣官房副長官秘書官や梶原拓《たく》知事（代理）らと除幕式の綱を引きながら、このエネルギースポットがいや増しに強化されたことを感じたのだった。

事このように、近年ますます佐藤一斎の評価が高まり、彼が命を賭して説いた思想を知りたいという声が澎湃《ほうはい》として起こっている。そこで絶版となっていた『いかに人物たり得るか――

佐藤一斎「言志四録」をどう読むか』（三笠書房刊）を大幅に書き直し、『佐藤一斎「言志四録」を読む』と改題して、致知出版社から改訂出版することになった。

考えてみれば、われわれ日本人は高度成長を成し遂げ、「ジャパン・アズ・ナンバーワン」とおだて上げられ、いささか調子に乗り過ぎて、バブル経済に踊り狂ってしまった。その清算をするため、いま長期不況に苦しんでいるのだが、これでようやく正気に戻りつつあるといえる。天地の公理にもとる生き方をしたら、結局自分にしっぺ返しが来るのだ。

それぞれ一回しかない貴重な人生である。これを実りあるものにするためには、天地の公理、つまり人生が栄えてゆくためのゴールデンルールを踏まえる必要がある。そしてそのために、『言志四録』は確実に道案内の役割を果たしてくれる。本書が往年の名著『言志四録』を読み解くための手助けとなり、現代人の精神的支柱となれば、私の望外の喜びである。

最後に本書の出版に尽力してくださった致知出版社の大越昌宏氏をはじめ、関係者に心から感謝したい。

平成十五年一月吉日

著者

はじめに

一念発起するのに遅すぎることはない

少《わか》くして学べば、則ち壮にして為すこと有り。
壮にして学べば、則ち老いて衰えず。
老にして学べば、則ち死して朽ちず。

これは四巻本からなる『言志四録《げんししろく》』の一冊、『言志晩録』の言葉である。学問し、精進し、人物を練ることの意味をこれほど端的に表している言葉はない。一念発起することに、遅過ぎることはないことを語っている言葉である。

志ある人は、自らの運命さえ切り開いていく。人生の師とも仰ぐ人物や、畏友とも呼べる人にめぐり逢わされ、彼らに刺激され、励まされて、自分も有意義な人生を創造していく。人生を生かすも殺すも、志次第なのである。

私が『言志四録』のことを知ったのは、私のデビュー作である『安岡正篤《まさひろ》の世界』を書くべく、いろいろな資料を渉猟《しょうりょう》しているとき、安岡正篤の書物を通してのことである。読んでみると、その秘めているエネルギーの強大さに驚嘆し、いつしか座右の書とするようになった。それ以来、折りに触れて読み、読むたびに、いつかこの書を現代に紹介しなければいけない、それは私の使命だと思ってきた。

『安岡正篤の世界』に続いて、『人生の師父《しふ》安岡正篤』『安岡正篤人間学』の三部作を書き上げ、安岡正篤関係のことを一応書き終わった私は、いよいよ『言志四録』のことを書くべく、筆を起こした。

それもただの解説ではつまらない。それは儒学者にまかせればいい。

私がやりたかったのは、字句の解釈ではなく、『言志四録』の各条に関係すると思われる、われわれの周辺にある現代のエピソードを取り上げ、『言志四録』が言おうとしていることはこういうことではないかと解説を試みることだった。

平成五年（一九九三）六月五日、ほぼ書き上がった『いかに人物たり得るか――佐藤一斎「言志四録」をどう読むか』の原稿を持って、私は弘法大師空海によって開山され、一二〇〇年近い歴史をもつ高野山に登った。宿坊は無量光院《むりょうこういん》である。

翌日、早朝三時半に起きると、奥の院に詣でた。まだ明けやらぬ空には明けの明星がひときわ輝いている。その星に導かれて、山内に足を踏み入れた。まだ暗い参道には点々と石灯籠が燈《とも》り、蛍火のように淡い光が参道を照らしている。

起き始めた小鳥たちが、ようやくさえずり始めている。

灯籠の光はまるで人生の暗夜を導く聖賢の言葉のようだ。

御廟《ごびょう》に通じる参道沿いには、樹齢七百年を超すという老杉が、天を衝《つ》かんばかりに亭々《ていてい》と聳《そび》えている。はるかに高い梢の先で、小鳥が啼《な》いている。

ときおり、キツツキの木の幹を叩く音が、幽玄な森に響く。物音一つしない。

悠久な時の流れを感じさせる木立にたたずんで、私はもの思いにふけった――。

先賢たちは人間の強さも弱さも知り尽くしていて、凡人には思わぬ陥穽《かんせい》となるものも的確に示してくれている。彼らは自分の身が裂かれるような痛い経験を通してつかんだ真理を書きあらわし、後孫たちがよりよい人生を歩み、よりよい社会を築いてくれるよう願っている。

自己を修養して人物となる

「天地の為に心を立て、生民《せいみん》の為に道を立て、去聖《きょせい》の為に絶学を継ぎ、万世の為に太平を開く」

朱子が『近思録《きんしろく》』に採録した張横渠《ちょうおうきょ》の言葉だ。

鬱蒼《うっそう》とした樹林を歩きながら、張横渠の言葉を反芻《はんすう》するとき、彼が人生に立ち向かった姿勢が伝わってくる。

——人間が修養して人間となるのは、何も人間のためだけではない。心を与えられ、霊性を与えられている人間が真に人間となることによって、実は万物一切が生かされてくるのだ。人間の体に取り込まれて人間の生命を維持形成し、あるいは天地自然を形成して人間の活動する環境を作る万物は、人間によって有用性を引き出されなければ、例えばただの路傍の石でしかない。彼らが生かされるか否かは、ひとえに人間にかかっている。「天地の為に心を立てる」とはそういうことではなかろうか。

自分が目覚め、有用な人生を歩み出すということは、実はかかわっている人すべてに有益なこととして跳ね返ってくる。会社の社長であれば、社長が目覚めることによって、社員が大きく生かされるようになり、国の宰相が目覚めることによって、国民が恩恵に浴するようになる。「生民の為に道を立てる」ということはそういうことである。自分一人のための修養ではないのだ。

「去聖の為に絶学を継ぐ」。絶えてしまい埋もれていた先賢たちの学問を受け継ぎ、その時代に生かすとき、どれほど多くの人が後悔せずにすみ、有意義な人生を送ることができることだろう。彼らの学びが今こそ生かされる。「去聖の為に絶学を継ぐ」とはそういうことではないか。

人々が与えられた可能性に精一杯挑戦し、自己実現するためには、戦乱の世であってはいけない。万人の人生の開花のためにも、平和が達成されなければいけない。「万世の為に太平を開く」とは決意なくして成就できることではない――。

朝、五時半――。あたりがすっかり明るくなったころ、御廟の下、玉川のほとりにある御供所の鐘が鳴り、黄色の衣に身を包んだ三人の僧が現れた。老僧に先導され、二人の若い僧が白木の長持ちをかついでいる。中には、今も生きていると信じられている弘法大師に捧げられる朝の食事が入っている。まだ参詣客《さんけいきゃく》のいない静まり返った山内に、三人の僧の草履《ぞうり》の音が響き、慎ましく御廟への参道を登っていく。

弘法大師が入定《にゅうじょう》してから、一一五八年の間、一日たりとも欠かされたことがない早朝の行持《ぎょうじ》。石段を登り、燈籠堂《とうろうどう》に入っていく僧につき従って、私も弘法大師の霊前に詣でた。黙禱《もくとう》――。

さまざまなことが反省される。中でも強く反省させられたのは、自分の人生をとらえるスパンがまったく短かったことである。

一年、二年……、五年、十年……、いやいや、まだまだ。

二十年、三十年……、五十年、百年……。悠久な時の流れの中で心が洗われていく。こうして早朝の奥の院を過ごすと無量光院に帰り、机に向かった。原稿に朱を入れ、書き改め、書き直していく。文章が次第に形をなしていった。

ありがたやわれは大師と二人連れ

無量光院に掛けてあった歌である。弘法大師に限らず、先人というものはみなそうである。佐藤一斎が発見し書き残してくれた人生の知恵を訪ねながら、われわれの洞察を深め、この人生を豊かなものにしていきたいと思う。

高野山無量光院にて　　神渡良平

佐藤一斎「言志四録」を読む——目次

2 自己を掘り下げる

3 志を養う

第三章　自己を鍛える

1　自己を精錬する

2　至誠天に通ず

3 徳は必ず隣あり

第四章 人生、二度なし！

1　自己を確立する

2　学問を修める

3　人生の勝利者

◇装丁――上田晃郷
◇写真――田村定也
岩村町教育委員会

第一章 『言志四録』に鍛えられた人々

1　佐藤一斎に鍛えられた吉田茂

なぜ一斎門下から多くの「傑物」が輩出したのか

優れた人物が自分の思想を開陳するのは、自ら研鑽した学問的知識を披瀝《ひれき》するためではない。自分のうちに蓄積された知識は、幾多の人生経験を経て血となり肉となり、人生の哲理に通暁《つうぎょう》する。そのあげく、やむにやまれぬものとしてほとばしり出てくる。

そうした思想は同時代の者だけではなく、後代の者をも奮い立たせる。

明治維新の立て役者・西郷隆盛は佐藤一斎が書いた『言志四録』一一三三条から一〇一条を書き出し、自己の錬成の鏡としたという。一斎の門に学んだ者は数千人を超えるが、その中には、佐久間象山《しょうざん》、安積艮斎《あさかごんさい》、大橋訥庵《とつあん》、横井小楠《しょうなん》、中村正直などがいる。

佐久間象山の門下からは勝海舟、坂本龍馬、吉田松陰、小林虎三郎が、吉田松陰の門下からは、高杉晋作、久坂玄瑞《げんずい》、木戸孝允《たかよし》、伊藤博文、山県有朋《ありとも》などが輩出している。弟子、孫弟子などからこうした人材が出ているだけではなく、西郷隆盛のように、直接は師事していないが、佐藤一斎の思想に啓発されたという者は枚挙にいとまがない。

佐藤一斎は、文化二年（一八〇五）、三十四歳で徳川幕府の学問および文教政策の元締めとなっていた林家《りんけ》の塾長となり、大学頭《だいがくのかみ》・林述斎《じゅっさい》を助けて朱子学を復興し、幕末の儒学の泰斗と仰がれた人物である。

天保十二年（一八四一）、林述斎が七十四歳で没すると、幕府は一斎を取り立てて昌平黌《しょうへいこう》の儒官とした。今で言えば、東京大学総長の立場である。

一斎は七十歳で儒者としての最高の地位に就いたのだが、それから十八年間、安政の大獄で揺れる安政六年（一八五九）九月二十四日、八十八歳で没するまで、湯島聖堂内の官舎に起居し、有為の青年たちに思想的感化を与え続けている。

佐藤一斎の生まれた安永元年（一七七二）と言えば、田沼意次《おきつぐ》が老中となり、幕府の実権を握って田沼時代の幕開けとなった年である。徳川家康が征夷《せいい》大将軍となり江戸幕府を開いた慶長八年（一六〇三）からへだたること一六九年、幕藩体制の基礎となっていた農業経済が商品経済に移行し始めて経済が行き詰まり、封建制度の解体が始まっていた。

例えば、一斎の出生七年前の明和二年（一七六五）には、関東地方で二十万人の農民の大一揆《いっき》が起きたことを頂点に、毎年各地で農民一揆や打ちこわしが頻発していた。

また一斎の出生五年前の明和四年（一七六七）には、革命的な幕政批判を展開した『柳子新論《りゅうししんろん》』を書き、それを密かに実行に移そうとしていた山県大弐《やまがただいに》が捕らえられて処刑され、朝臣に名分の学のことを講じた竹内式部は八丈島に流罪になった。いわゆる明和事件である。

反幕論の先駆けとなった『柳子新論』で山県大弐は、群下の者（下士や処士）でも民と志を同じくし、天下の利のためならば、幕府を「放伐」してもよい、いやむしろそれは仁の行為だと訴えた。そうしたことに現れているように、機能しなくなり桎梏《しっこく》化した幕藩体制に代わるものが模索され出したのも、この時代以降である。

一斎の出生のときから、日本中を震撼《しんかん》させたペリーの来航（一八五三）、倒幕の志士たちを大弾圧した安政の大獄（一八五九）、攘夷論をひっくり返すことになった四国艦隊の下関砲撃、薩英戦争（ともに一八六四）を経て、王権復古の大号令（一八六七）が出され、明治維新となるまでに九十六年を要したが、一斎はそのうち八十八年を生きたことになる。

佐藤一斎はそうした時代状況の中で、判断において誤らない、不動の自分を作ろうとして呻《しん》吟《ぎん》し、その思想を『言志四録』として結晶させたのだ。

吉田茂の養母・士子のこと

『言志四録』は明治維新を興した青年たちに大変な思想的感化を与えているが、その著者・佐藤一斎の孫娘の士子《ことこ》（琴）が、敗戦の焦土の中で戦後日本を背負って立った吉田茂を育て上げた養母であったことは意外に知られていない。

吉田茂は土佐出身の政治家・竹内綱《たけのうちつな》の五男として、明治十一年（一八七八）九月二十二日、横浜で生まれたが、生まれてすぐ同じ横浜の実業家・吉田健三の養子としてもらわれた。その吉田健三の妻が士子《ことこ》で、佐藤一斎の三男・立軒《りっけん》の次女である。士子は武士の娘らしく、大変に気位の高い女性で、それが茂にも大きく影響した。人間の資質、それも一番基本的な人生に対する姿勢は、幼いときおぶわれた母の背中で形成されるものであるからだ。

吉田茂が横浜で生まれたのにはわけがある。

実父・竹内綱はなかなかの反骨の政治家で、ときの政府に反対を唱えていたことから、警視総監・三島通庸《つうよう》が出した保安条例に引っかかり、尾崎行雄、星亨《とおる》、林有造らとともに、東京から三里以遠の地に追放になった。そこでやむなく竹内は横浜に移り住むことになり、その騒動の中で茂が誕生したというわけである。

茂の養父となる吉田健三は意欲十分な実業家で、そんな竹内綱と意気投合した。若いころから時代の流れを読むのに敏感で、長崎留学を志して脱藩、さらに長崎から外国船に水夫として乗り込み、イギリスに渡って、修業を積んだ。

帰国すると、横浜の船会社ジャーデン・マセソン社に勤め、そこで輸送のこと、貿易のこと、事業のことなどを学んだ。独立すると、自ら船問屋を始め、次々と他の事業にも手を広げていった。吉田の事業は船会社、貿易会社から、英学塾、新聞社まで広がり、大変な勢いとなった。

茂は「父と母――わが青春回顧」(『改造』昭和二十五年一月号)に、当時の父の様子をこう伝えている。

「実業が天下国家のことだったので、国事に奔走する気概や真剣味が、商売することにも向けられたのだと思う。ラフカディオ・ハーンを読むと、当時日本に来ていた多くの外国の商人が、本気で彼らと競争を始めた日本の商人とうてい太刀打ちすることができなくて、次々に店じまいしたことが書いてある」

国家の運命は殖産興業にかかっていると思われたから、事業は国事と同じ気概で遂行されたのである。

吉田はワンマン宰相だと悪口を叩かれたものの、戦前の反動として荒れ狂う左翼思想の嵐に抗しながら、マッカーサーの連合軍総司令部(GHQ)と折衝して、戦後日本の平和国家路線を敷いたことは、やはり偉大な政治家として評価できる。

吉田の性格の一つである節を曲げない頑固さは、もちろん、実父譲りのものだが、養母・士子《こと》の教育も大いに影響している。士子《こ》は折に触れ機会を見つけて祖父・一斎の生き方を語り、幼い茂を教育した。吉田は母についてこう書いている。

「(母は)学者の家に生まれ、学問の素養があることを心秘かに誇りとしていたらしい。そのためか、気位の高い人であった。ところが、その養母が私については、『この子は気位の高い子だ』と、よく言っていた。しかし、私は母の方がよほど気位の高い人だったように思う。不思議なもので、気位の高い子だとしばしばいわれていたせいか、(私は)いつか本当に気位の高い子になってしまった」(『世界と日本』)

このことは『宰相吉田茂』に、高坂正堯《まさたか》も次のように指摘している。

「彼の信念体系というべきものは、彼の養母で、有名な漢学者佐藤一斎の孫娘にあたる吉田琴(士)子のしつけに始まって、杉浦重剛《じゅうごう》の日本中学における教育で完成したと考えられるが、杉浦重剛は東宮御学問所で倫理学を進講したこともある人で、皇室に対する強い崇敬の念を持っていた。吉田茂が皇室に対して強い崇敬の念を持つようになったことは当然のことであった」

吉田茂は明治憲法・皇室典範が発布された年、すなわち明治二十二年(一八八九)、十歳で漢学教育を主体とする神奈川県藤沢の耕余義塾に入学した。この学校の選定にあたっても、士子の意見は大きかった。吉田はこのころ培《つちか》われた漢学の素養について、こう述べている。

「私は初め、漢学の塾に寄宿した。これは私の性格にどれだけの影響を与えたか知らないが、とにかく、一通り漢文が読めるようになったのはいいことだと思う。中国人は生活の達人であって、我々が生活していく上で遭遇する大概の経験が漢籍で扱われているし、またさらにそういう経験について我々に教えてくれる。

『士ハ己ヲ知ルモノノ為ニ死シ、婦ハ己ヲ愛スルモノノタメニ梳《くしけず》ル』などという簡単な格言にも、長年この世に生きた者の、というよりも、そういう人間が何代も続いたところに生じる智恵に捉えられた、人情の機微が表されている。（中略）漢詩を含めて、われわれの日常生活に関することとか、人間と人間との交渉の上でのことならば、なんでも漢籍に求められるという気がする。そして漢文に一時でも親しんだことは、他の文学を読むのにも役立ったと思っている」（「父と母——わが青春回顧」）

自分を支えてくれる「生命の言葉」を持つありがたさ

「寸鉄、人を刺《さ》す」という言葉がある。

一節の短い言葉が人生を左右するほどに大きな力を持つ。「人生の知恵を学ぶなら中国古典を読め」といわれるゆえんである。吉田も体験上それを語っている。

これについては加地伸行《かぢのぶゆき》・大阪大学教授（中国哲学史）が、『儒教とは何か』に示唆に富む手紙を載せている。ある日本人西洋哲学者が彼にこんな手紙を寄越したというのだ。

「私自身は漢文の素養が無いのですが、それでいつも残念に思うのは、事を決するにあたり、自分を支えてくれるような適切な言葉を持たないということです。西洋近代哲学は要するに認識論であり、『何であるか』ということはできても、『何をなすべきか』はそこから出てこないのです。たとえ出てきたとしても、その言葉はなかなか自分の意にそぐわないので、意志の力とはならないのです。行為には情況認識や命令（……せよ）のほかに、将兵を安んじて死に赴《おもむ》かせるような司令官の人格、そしてその言葉が必要だと思うのです」

吉田茂の文章と合わせ読むと、教えられることが多い。人はここぞというときに「自分を支えてくれる適切な言葉」が欲しいのである。

ワンマン宰相と言われた吉田の頑固さは、例えば次の言葉を思い出させないだろうか。

「当今の毀誉《きよ》は懼《おそ》るるに足らず。後世の毀誉は懼るべし。一身の得喪《とくそう》は慮《おもんぱか》るに足らず。子孫の得喪《とくそう》は慮るべし」（『言志録』八九条）

（いま悪く言われようが良く言われようが、それは恐れることはない。しかし、後世の評価は恐れるべきだ。自分自身の成功失敗から来る損失は心配するに足らないが、子孫に及ぶ得失は考慮しなければならない）

昭和二十年代前半、多くの進歩的文化人（？）が、ソ連をはじめとした東側諸国を含む全面講和締結を求めたのに対し、それは現実的でないと一蹴し、昭和二十六年（一九五一）九月、サンフランシスコ平和条約、および日米安全保障条約を締結したときの吉田茂に、この姿勢を見ることができよう。

「右顧左眄《うこさべん》するのではない。己の信ずるところを貫くのみだ」

吉田のそういう声が聞こえてくるようである。

2　志を説いた『言志四録』

「朕は再び西郷を得た！」

『言志四録』にはさまざまな逸話が多い。その一つが、明治維新の立役者西郷隆盛がくり返しくり返しこれを読み、特にその中から心の琴線に触れた一〇一条を抜き書きして、座右の箴《しん》としていたというものだ。

この西郷隆盛の『手抄言志録』は世に出ることもなく、ながらく鹿児島の西郷の遺品の中に埋もれていた。ところが、明治十七、八年（一八八四、五）ごろ、鹿児島に旅した日向の旧高鍋藩主・秋月種樹《たねたつ》（将軍家茂《いえもち》の侍講も務め、のち元老院議官になる）が、西郷の叔父・篠原国幹《しのはらくにもと》の家で発見して、

「沙汰精確、旨義《しぎ》簡明。もって南洲の学識を窺《うかが》うべし」

と感銘し、どうしてもこれを出版したいと考えた。

おもしろいことに、この秋月種樹の先祖に、高鍋藩主・秋月種美の次男として生まれ、養子として米沢藩上杉家に入った上杉鷹山《ようざん》（治憲《はるのり》）がいる。秋月家にはこうしたことに価値を置く家風があるのだろうか。

かくして秋月種樹は明治二十一年（一八八八）、『南洲手抄言志録』を出版した。明治天皇はかねてより西郷の人徳を高く評価されていたので、秋月はまずその一篇を献上した。

すると、明治天皇はこの書をくり返しくり返し読まれ、

「朕《ちん》は再び西郷を得たぞ！」

と深く喜ばれたという。これは侍講・元田永孚《ながざね》の伝えるところによるが、私は『南洲手抄言志録』を精読されたという明治天皇の志操の高さに敬服する。『南洲手抄言志録』は今日、山田方谷《ほうこく》の孫・山田済斎《せいさい》の手によって『西郷南洲遺訓』に収録され、岩波文庫に入っている。

人の上に立つ者だからこそ

「朕は再び西郷を得たぞ！」

と明治天皇が言われたその言葉が、私には天皇の隠された苦衷をうかがわせる言葉として響いてならない。

というのは、明治六年（一八七三）の征韓論争（正しくは遣韓《けんかん》使節派遣可否論争と称すべき。詳しくは拙著『春風を斬る――小説山岡鉄舟』〈PHP研究所刊〉を参照）で、西郷の意見を退けて大久保利通《としみち》、岩倉具視《ともみ》らの意見を採用し、西郷を遣韓使節として朝鮮に派遣することを断念、それがもとで西郷が下野し、西南の役へと発展していったことに対し、明治天皇の中には長年自己を責める苦しみがあったのではないかと推察するからだ。

『翔《と》ぶが如く』でいみじくも司馬遼太郎が推察しているとおり、西郷は、

「国家の基盤は財政でも軍事力でもなく、民族が持つ颯爽《さっそう》とした士魂にある」

と確信していた。そしてその「颯爽とした士魂」の原点を、何よりも一切の原点たる天皇に期待し、自分にも課した。明治の顕官がまず自分の屋敷を建て、豪奢《ごうしゃ》に着飾り、蓄財を謀《はか》るとき、西郷はますます清貧の生活をした。新政府は「道が普《ひろ》く行なわれる」ような土壌の上に四民平等の社会を築くべきだと考えたからである。

『西郷南洲遺訓』に残されている西郷の言説は、明治天皇にも機会あるごとに話したと思われる。西郷はこれらのことを、ただ単に、かくあるべきだという信条としたのではなく、まさにそのごとく生きようと刻苦勉励したのだ。

「廟堂《びょうどう》に立ちて大政を為すは天道を行うものなれば、いささかとも私を挾《はさ》みてはすまぬものなり。いかにも心を公平に操り、正道を踏み、広く賢人を選挙し、よくその職に任《た》える人をあげ

て政柄《せいへい》を執《と》らしむるは、すなわち天意なり。それゆえ真に賢人と認める以上はただちにわが職を譲るほどならではかなわぬものぞ」（『西郷南洲遺訓』一条）

（政府にあって国の政《まつりごと》をするということは、天地自然の道を行うことであるから、たとえわずかであっても、私心を差し挟んではならない。どんなことがあっても心を公平に保ち、正しい道を踏み行い、広く賢明な人を選び、その職務に忠実に耐えることができる人に政権を執らせることこそ、天意にかなうものである。だから本当に賢明で適任だと認める人がいたら、すぐにでも自分の職を譲るくらいでなくてはいけない）

「万民の上に位する者、己《おの》れを慎み、品行を正しくし、驕奢《きょうしゃ》を戒め、節倹をつとめ、職事に勤労して人民の標準となり、下民《かみん》その勤労を気の毒に思うようならでは、政令は行われがたし」（四条）

（多くの国民の上に立つ者は、いつも自分の心を慎み、身の行いを正しくし、驕《おご》りや贅沢を戒め、無駄を省《はぶ》き、慎《つつ》ましくすることに努め、仕事に励んで人々の手本となり、一般国民がその仕事ぶりや生活を気の毒に思うくらいにならなければ、政府の命令は行われにくいものである）

これらのことを、西郷はただの道話的な願望として語っているのではない。本当にそう思い、実行しているのだ。これに類する逸話として、こんな話が残っている。

あるとき、右大臣・岩倉具視が西郷の借家を訪れ、驚いた。

「参議ともあろうものが借家住まいとは！　はやく参議にふさわしい家を建てなされ」

ところが、西郷はいっこうにかまわず、笑って言うには、

「あははは、日本という家は貧しごわんでなあ」

だから高い俸給はもらうわけにはいかないというのである。これには岩倉も二の句が継げなかったという。

安岡正篤《まさひろ》は最も魅力を感じる宰相として、『宋名臣言行録』にも出てくる李沆《りこう》を挙げている。李沆は宰相として国家の重責を担いながら、いつも淡々として執着するところがなかった。家もお構いなしで、修繕もしない。家人が、「もう少しなんとかしたら」と言っても、「いやあ、人生は不如意なものだ」と言って、捨てておいている。現実は現実として十分認識していながら、根底においてはなんら執着を持たなかったのである。

「志というものは、充実した虚無的自覚に立つものでなければ、本物とはいえない」（安岡正篤著『東洋人物学』）

李沆の恬虚《てんきょ》とした生活態度に、安岡正篤が共感した理由がわかる。

福沢諭吉をはじめ、西郷を直接知る人々は、彼ほど私心のなかった人はいないと語っているが、西郷はそうなり切ろうとして努力したのだ。それは人の上に立つ者の務めだとさえ思っていた。

機構をつくり、制度を充実させ、システムとして中央集権国家をつくっていこうとした大久保利通と違って、聖賢の教えに従って、政治を預かる者の姿勢を問題にした西郷の生き方は、明治天皇にとって自分への期待が——それはまさに天の期待でもあったのだが——大きければ大きいほど、生身の自分とのギャップが大きく、息苦しくさえあったのではなかろうか。

獄中の生活で西郷が見出したもの

時間をさかのぼって、幕末、倒幕によって新しい国家を模索しているころの西郷にスポットを当ててみよう。

文久二年（一八六二）六月、西郷は島津久光の逆鱗に触れて、再度遠島を命じられている。

これより前、第一回目の奄美《あまみ》大島への遠島（一八五九年一月十二日〜一八六二年一月十四日）のときには、安政の大獄（一八五九）によって、梅田雲浜《うんぴん》が獄死、橋本左内、頼三樹三郎《らいみきさぶろう》、吉田松陰らが刑死したのをはじめ、勤皇の志士が一網打尽にやられている。西郷も幕府の捕吏の手をかろうじて逃れ、薩摩に逃げ帰った。

しかし、同道した勤皇の志士・月照《げっしょう》をかくまい切れず、錦江湾にいっしょに身を投げ、西郷だけ助かっている。薩摩藩は息を吹き返した西郷を幕府からかくまい、菊池源吾と名前を変えさせて、奄美大島に島流しした。このとき西郷は約三年流されているが、これによって、安政の大獄の災禍を免れ、一命をとりとめている。

奄美大島への三年に及ぶ流罪から許されて帰ること四カ月、中央での政治活動に復帰したと思ったのもつかのま、西郷は前述したとおり、久光の怒りを受けて再度遠島命令を受けた。今度は奄美大島よりももっと遠く、今の船でも五時間くらいかかる徳之島への流罪である。

政局は桜田門外の変で井伊直弼《いいなおすけ》が暗殺され、いよいよ混沌の度を深めているときである。こんなとき中央を離れなければならないとは、断腸の思いだったはずである。しかし、西郷はその命令に従容として従った。三十六歳のときである。

徳之島流島七十二日。久光の怒りはそれでも収まらず、西郷をさらに離れ小島の沖永良部島《おきのえらぶじま》へ送った。沖永良部島は死刑に次ぐ重罪人を流すところで、疫病が多く、ここに流されたら生きて帰れないといわれた島である。

西郷が護送されて来てから急いで造られた獄舎はわずか二坪余り、四面が松の丸太で格子状に組まれた粗末な茅葺《かやぶ》きで、壁もなく吹きさらしで、雨は容赦なく吹き込むような造りだ。床は竹組みで、獄の片隅には便所がつくられているが、板屏風《いたびょうぶ》で囲ってあるだけである。

日中は炎熱にさらされ、夜は夜で蚊《か》の猛襲に悩んで寝られない。台風や嵐のときは太平洋から押し寄せる波しぶきが牢を襲い、海岸の砂が飛んできて、目を開けることもできない。食事は、朝は温かい飯と野菜の汁が食べられるが、昼と夜は湯で温めただけの飯で、わずかに焼き塩がつくだけである。

　相撲取りのような偉丈夫《いじょうふ》だった西郷もみるみる痩せ衰えていった。一カ月一度の風呂しか許されず、便所に来るハエは、垢《あか》にまみれて臭気を放っている西郷にうるさくまとわりついた。沖永良部島での生活では、獄死しろと言わんばかりの扱い方だったが、西郷は不平も言わず、恨みごとも言わず、終日泰山のごとく座して書物を読み、思索を続けた。

　鹿児島から持ってきた書物は、『伝習録』『春秋左氏伝』『孫子』『資治通鑑《しじつがん》』『韓非子《かんぴし》』『貞観政要《じょうがん》』『洗心洞箚記《さっき》』『李忠定公争奏議』『陳龍川文録』『通鑑綱目《つがんこうもく》』『嚶鳴館遺草《おうめいかん》』、そして『言志四録』など、行李三つ分の書物。

　壁には山崎闇斎《あんさい》の弟子・三宅尚斎《しょうさい》と、森山三十の切腹のときの詩を大書し、読書に疲れると吟じた。

富貴寿夭不貳心
只向面前養精神
四十余年学何事
笑坐獄中鉄石心

富貴寿夭《じゅよう》、心を貳《うたが》わず
只《た》だ面前に向かって精神を養う
四十余年なにごとをか学ぶ
笑って獄中に坐す鉄石《てっせき》の心

(富貴、長寿、短命、すべては天がはかるところであり、私は天に任せているので少しも疑うものではない。私の務めはただ己の精神を養うことである。ああ、四十余年、私は何を学んできたのだろうか。笑って獄中に座し、ただ鉄石の心を練るだけである)

慈母勿悲罹厄身　　慈母悲しむなかれ、厄《やく》に罹《かか》るの身
古来如此幾忠臣　　古来かくのごとし、幾忠臣
臨死自若如平日　　死に臨み自若《じじゃく》として平日のごとし
不怨天不咎人矣　　天を怨《うら》まず、人を咎《とが》めず

(慈悲深い母よ、私が災難に陥っていると悲しんでくださるな。古《いにしえ》より、忠臣たる者、いつもこうではありませんでしたか。私は切腹に臨んで、何ら平日と変わるところはありません。このことで天を怨みもしなければ、人を咎《とが》めるものでもありません。ただ従容として死んでいくのみです)

ここにも「天を怨まず、人を咎めず」の言葉が出てくる。これは『論語』憲問篇に出てくる孔子の名言である。

西郷も人間だ。久光のことを怨まなかったはずはない。自分の不運をかこたなかったはずは

ない。でも、そのたびにこの詩を詠んで、自分を戒《いまし》めたに違いない。このころ西郷が作った次の七言絶句は、彼の精進のあとを物語っている。

獄裡氷心甘苦辛　　獄裡の氷心、苦辛に甘んず
辛酸透骨看吾真　　辛酸骨に透って、吾が真を看《み》る
狂言妄語誰知得　　狂言妄語、誰か知り得ん
仰不愧天況又人　　仰いで天に愧《は》じず、況《いわ》んやまた人にをや

（牢獄の中にあって、氷のような清浄な気持ちになると、辛苦ですら甘く感じられる。辛酸が骨にまで染み透り、自分の本当の姿が見えてくる。作り飾った言葉、嘘偽りの言葉であることを誰が知ることができようか。あるいは人は欺《あざむ》くことはできるかもしれないが、天を欺くことはできない。私は天を仰いで恥ずかしく思うようなことはしない。ましてや人に対して恥ずかしく思うようなことはしない）

こうした歳月を経て、「大西郷」と言われる人物ができ上がっていく。西郷の至りついた思想は、明治維新中最も難関であった廃藩置県（明治四年）を成し遂げたあと、明治五年（一八七二）に書かれた次の詩に最もよく表れている。

一貫唯々諾
従来鉄石肝
貧居生傑士
勲業顕多難
耐雪梅花麗
経霜楓葉丹
如能識天意
豈敢自謀安

一貫唯々《いい》の諾《だく》
従来鉄石の肝《かん》
貧居傑士《けっし》を生じ
勲業《くんぎょう》は多難に顕《あらわ》る
雪に耐えて梅花麗《うるわ》し
霜を経て楓葉丹《ふうようあか》し
もしよく天意を識《し》らば
豈《あ》に敢えて自ら安きを謀《はか》らんや

（いったん引き受けたならば、どこまでもただ一筋に貫き通さなければならない。これまで培ってきた鉄石のような肝魂《きもだましい》は、動かしてはならない。豪傑の士は貧しい家に生まれ、勲《いさおし》高い事業は多難を経て世に顕《あらわ》れるものである。梅の花は雪に耐えてこそ美しく咲くものだし、楓《かえで》も霜を経て真っ赤に紅葉する。もし、天意があるところがわかったら、自分で自分の安楽を謀《はか》るようなことがどうしてできようか）

私は特に後者の詩の最後の節、「もしよく天意を識《し》らば、豈《あ》に敢えて自ら安きを謀《はか》らんや」

に感じ入る。あの逆境を耐え、よくぞこの心境に至ったと思う。

幕末、志士たちに激しく霊感を与え、水戸藩をリードした思想家・藤田東湖《とうこ》は、江戸で初めて西郷に会ったとき、

「わが胸中の大志を後世まで伝える者は、この青年をおいて他にないであろう」

と語ったという。そのときはまだこの遠島は経験していないのだが、辛い経験は西郷の人品をいっそう磨き上げたのである。

肚《はら》の「中身」をつくったもの

私はこの獄中の期間、西郷の思想にとてつもなく大きな変化があったと見ている。

西郷を見出し、その目を開き、中央の政界に送り出したのは、先代の島津斉彬《なりあきら》である。このころの西郷にとって斉彬は神のような存在であったけれども、彼の思想はまだ薩摩藩、あるいは幕藩体制の域を越えていなかった。

だからその斉彬が急逝《きゅうせい》し、島津家の当主が英邁な斉彬には比べるべくもない久光に変わったとき、もはや西郷は生きていても仕方がないと思うほどに落胆した。安政五年（一八五八）十一月十五日、西郷が僧月照とともに錦江湾に入水自殺を試みたのは、月照への義理の念もあっただろうが、安政の大獄で刑死した仲間たちへの挽歌と、そして何よりも斉彬への殉死の思い

があったのではなかろうか。

遠島になった先の沖永良部島では、読書と思索を通して、次第しだいに開けてくるところがあった。人物が練れ、肝が据わってきただけではなく、天の前に人は四民平等であり、維新によってもたらされる近代国家は階級を払拭した社会であるべきだという革命的思想が懐胎された。武士階級を中心とした封建思想から、天を中心とした思想に大きく脱却した。

時代は西郷なしでは回転しなかった。西郷は再び中央に呼び戻された。そして西郷の思想と決意が日本を近代国家へと脱皮させていった。

明治政府が薩長土肥などを柱とする倒幕派、公議政体派の単なる諸藩連合が、明治二年（一八六九）の版籍奉還を経て、明治四年（一八七一）の廃藩置県による近代的中央集権国家に生まれ変わったのも、ひとえに西郷という人物の存在があったからである。

ことの経緯はこうだ。版籍奉還は名目上封建の形態を解消しただけで、藩主はそのまま知事として残り、家臣はそのまま行政に携わっていた。だから藩の実質組織は維持されたままである。明治新政府は旧幕府の直轄領を保持しているだけで、軍事的にも財政的にも脆弱《ぜいじゃく》だった。まだ旧幕府時代がよかったなどという諸侯も数多くいた。

だから新政府が機能するためには、諸藩の連合に過ぎない現状を解消して、中央政府が統括する県を置くしかなかった。木戸孝允も、大久保利通も、岩倉具視もその必要性は痛感していた。廃藩置県が行われなければ、まだ革命は半分しか成就していないとも言えたのだ。

しかし、それを断行できるだけの自信は誰にもなく、逡巡《しゅんじゅん》するばかりだった。旧藩主やその家臣たちを説得できるとはとうてい思えなかった。それどころか、自分たちを切り捨てたとして恨みを買い、暗殺されかねなかった。

明治四年（一八七一）七月九日、廃藩置県についての秘密会議が木戸邸で行われたとき、重苦しく、少しも進展しない会議にとどめを刺したのは、西郷のひと言だった。

「すべてはおいどんが引き受け申す。もし不服を唱える者があれば、おいどんは兵力をもって断固として鎮圧する覚悟でごわす。だから心配せんでやんなはれ。断行あるのみです」

肚が据わった西郷の言葉に、ようやく一同は決意を固めたという。

七月十三日、明日はいよいよ廃藩置県の大号令が出される前の日、それでも明治天皇は諸藩主の反応を思って不安だった。

「明日はいよいよ廃藩置県の布令を出すが、西郷、大丈夫か」

天皇が一番心配されていたのは島津久光のことで、彼が不服を唱えれば呼応して各藩に反対の声が広がっていくだろう。しかし、西郷はたじろぎもせず答えた。

「はい、大丈夫でごわす。吉之助がおりますから」

何という返事だろう。「吉之助がおりますから！」。単純明快。西郷のそのひと声で、天皇もやれるという自信を持たれたのだった。

こうして七月十四日、ついに廃藩置県の大号令が発せられた。島津久光は怒り狂い、「西郷に騙《だま》された！」とまで言い、久光を取り巻く保守党一派は反対する動きを見せた。そのとき、西郷は断固として言い放った。

「もし久光派がこの政策に反対するようなことがあれば、おいどんは『大義親を滅す』の決心をもって、断固鎖圧する！」

この気迫に圧され、不平は鎖圧されたのだった。

諸外国の歴史家が指摘するように、全国三百六十一の藩主が無血で権力を投げ出すことなどありえないことだった。それが行われたのは、まさに西郷隆盛一人の決意によったのである。

こうみてくると、西郷の沖永良部島流罪と、そこにおける刻苦勉励の修養は、明治維新の成功の鍵を握っていたことがわかる。

順逆は自分の心にある

では、当の西郷は当時そのことを自覚していたであろうか。自分の修養いかんに明治維新成立の成否がかかっていると見ていただろうか。

私はそうは思わない。

あのときの西郷は自分の中から湧き出てくるどうしようもない思い、人を誹謗する思い、自分の運命を呪う思いなどにさいなまれ、そういう愚かな自分を乗り越えようと、ますます座禅に打ち込んでいたのではないか。沖永良部島の牢獄の壁に貼っていたという森山三十の詩の一節、「天を怨まず、人を咎《とが》めず」は、西郷の当時の思いを語っているような気がしてならない。

一斎も「艱難《かんなん》はよく人の心を堅くす」（『言志晩録』二〇五条）と言っているように、昔から艱難汝を玉にすと言われ、誰もこれを知っている。順境のときには自分の人生を振り返ってそういうこともいえるが、艱難の最中、逆境の渦中にあるときは、普通、人はそういう余裕はない。

そういうこともあってか、安岡正篤は講話の中で、よく『酔古堂剣掃《すいこどうけんそう》』の次の一文を引用して、われわれも日常の戒めとするよう勧めていた。

「名を成すは毎《つね》に窮苦の日にあり、事を破るは多く志を得るのときに因《よ》る」

『酔古堂剣掃』は明の末期、陸紹珩《りくしょうこう》が編集した語録である。書名は陸氏の堂の名である酔古堂からとっており、腐敗した社会を言葉の剣で快刀乱麻のごとくなぎ倒すという意味である。江戸末期から明治にかけては、日本でもかなり読まれていた。

この本でも言うごとく、人間は弱い存在である。自分から進んで逆境に住みたくはない。だからこそ、外から否応なく厳しい環境が与えられることが必要なのではないか。その中で練られ反省させられ、気づかされていく。結果として、一皮も二皮もむけていく。

獄中、西郷が読んだ『言志四録』にも、逆境と大成のことが書かれている。それらを読み、瞑想すればするほど、西郷は天の配剤を感じざるを得なかったのではないか。

「人の一生には順境あり、逆境あり。消長の数、怪しむべきものなし。よろしくその逆に処して、あえて易心《いしん》を生ぜず、その順に居《お》りてあえて惰心を起こさざるべし。惟《た》だ一の敬の字、もって逆順を貫けば可なり」(『言志晩録』一八四条)

(人の一生には順境もあれば、逆境もある。栄枯盛衰の理《ことわり》で、少しも怪しむに当たらない。逆境にあってはやけくそを起こさず、順境にあっても怠け心を起こさない。ただ敬の一字をもって終始一貫するだけである)

「天下のこと、もと順逆なく、わが心に順逆あり」(『言志耋録《てつろく》』一三三条)

(世の中のことに順逆があるのではなく、自分の心に順逆があるのだ)

他人に逆境と見えても、自分には順境と見える。ところが自分の心がすさんでいれば、人には順境と見えることすらも、自分は逆境と受け止めてしまう。結局は自分の心なのである。

一斎の静かではあるが力がこもった言葉、「いかなる立場にあろうとも、生死のことは天に任せて、自分はただ敬の一字をもって貫くだけである」が、獄中の西郷にはただただうれしかったに違いない。

『西郷南洲遺訓』は西郷自身で書いたものではなく、西郷に師事した旧庄内藩の士族たちが書き記したものである。西郷自身が書いた文章はない。ただ西郷には漢詩が多く残されていて、彼の思想を知ることができる。

「温泉即景」と題した次の詩も、西郷の至りついた世界を語っている。

幽居夢覚起茶烟
霊境温泉洗世縁
池古山深静於夜
不聞人語只看天

幽居夢覚めて茶烟《さえん》起こり
霊境の温泉に世縁を洗う
池古く山深く、夜よりも静かなり
人語を聞かず、只《た》だ天を看《み》る

（浮世を離れた静かな家で、夢から覚めてみると、茶釜に湯煙が上がっている。幽境の温泉に浸って、世俗の縁を洗っていると、まことにすがすがしい。そもそもこの土地は建国神話につながる古い土地で、池も古く、山も静かで、昼でも夜よりもなお静かなほどだ。人の声はまったく聞こえず、ただ天だけを仰ぎ見ている）

結句の「人語を聞かず、只だ天を看《み》る」が西郷の言いたかったことであろう。

3　揺るぎなき自己をつくる

西郷が獄中で詠んだ詩

私は西郷と一斎のかかわりを調べていく中で、無性に沖永良部島に行ってみたくなった。東京で手に入らない資料は特にない。にもかかわらず、現地に足を運んで、牢獄を見、郷土史家と語り、そこで思案に耽《ふけ》ってみたかったのだ。

鹿児島空港で乗り換えた日本エアコミューターYS11機は、一時間四十分で私を沖永良部島に運んだ。沖永良部島は南シナ海に浮かぶ小さな島である。鹿児島市から五三七キロメートル離れ、奄美群島の中でも与論島についで最南端に位置し、すぐ先はもう沖縄という南溟《なんめい》の孤島である。

全島山一つない珊瑚礁《さんごしょう》の島で、その中心が和泊《わどまり》町。人口八〇〇〇人。西郷が閉じ込められていた牢獄は、島の東に位置する和泊町中心部の海岸に近いところにあり、現在は再建され、盛岡公彦製作による坐禅姿の、げっそり痩《や》せた西郷座像が置かれていた。

日ごろ西郷のイメージは、上野公園や鹿児島市の城山の下にある偉丈夫の姿で持っていたから、痩せ衰えた西郷をそこに見て、私はショックだった。獄中で坐禅を組む、しかも瀕死の西郷座像をつくるとすれば、確かにこうなるのだろうが、予期していなかったので、正直言ってうろたえてしまった。

荒格子の壁と茅葺《かやぶ》きの屋根。これでは差し込む暑い日差しは避けられまい。二坪の牢獄の床は竹が編まれ、その上に筵《むしろ》が敷かれている。牢のかたわらに生えているガジュマルは、ここが南国の地であることを語っている。すぐ裏手は切り立った崖になっており、下を流れている奥川は広大な太平洋に注ぎ込んでいる。

死の寸前まで行った過酷な牢獄生活の日々に、西郷はいったいここで何を考えていたのか――。

西郷の謫居《たっきょ》の地から商店街に出ると、道路の斜め向かいに南洲神社が建てられている。座敷牢の西郷に教えを受け、その後、島の発展に大きな力となった操坦勁《みさおたんけい》の屋敷跡は、現在、中央公民館と町立図書館になっていた。また島の西側にある伊延《いのべ》港には、東シナ海を背に「西郷隆盛上陸の地」の石碑が建っている。

それらを見終わると、和泊西郷南洲顕彰会副会長で、地元きっての郷土史家である玉起寿芳《たまきとしよし》氏や中央公民館長の皆村《みなむら》花治氏を訪ねて、いろいろと話を聞き、資料を見せていただいた。

日中そんな具合に時間を過ごすとホテルでひと休みして、深夜十二時をまわってから、もう一度謫居の地に行った。牢獄の周辺には視野をさえぎる建物が建ち、日中はとても当時を偲べる状況ではなかったからである。

それに獄中の西郷といっしょに坐禅を組み、瞑想したかった。当時の西郷の心境を書いた漢詩はいくつか持ってきている。それらの詩を読み、瞑想し、歩き回った。西郷が獄中から眺めたであろう真っ黒な太平洋が静かに月光に照らされている。

いろいろと西郷に問うては、黙想し、さらにまた問うた。

雨帯斜風叩敗紗
子規啼血訴冤嘩
今宵吟誦離騒賦
南竄愁懐百倍加

雨は斜風を帯びて敗紗を叩く
子規《しき》は血に啼《な》き、冤《えん》を訴えて嘩《かまびす》し
今宵吟誦す離騒の賦《ふ》
南竄《なんざん》の愁懐《しゅうかい》百倍加わる

（横なぐりの風雨に、破れた芭蕉《ばしょう》の葉がはためき、啼《な》いて血を吐くといわれるほととぎすは、無実の罪を訴えるかのように、激しく啼いて騒がしい。そんな風雨の夜、独り牢獄に座して「離騒」の長詩を吟誦すれば、その昔、ちょうど私と同じような不遇の目にあった楚の屈原《くつげん》の悲惨な心境がひしひしと伝わってくる。そうすると、南溟の孤島に島流しになっているわが身の悲惨さはますます深まっていくばかりだ――）

苦悩する西郷の心境が伝わってくる。

慙愧の念から、生かされていることへの感謝へ

しかし、次の漢詩になると、西郷の心境は一転している。

朝蒙恩遇夕焚阬
人生浮沈似晦明
縦不回光葵向日
若無開運意推誠
洛陽知己皆為鬼
南嶼浮囚独竊生
一死何疑天附與
願留魂魄護皇城

朝には恩遇を蒙《こうむ》り、夕べには焚阬《ふんこう》せらる
人生の浮沈晦明《かいめい》に似たり
縦《たと》い光を回《めぐ》らさざるも葵《あおい》は日に向かう
若し運の開くる無くとも、意は誠を推《お》さん
洛陽の知己、皆な鬼《き》となる
南嶼《なんしょ》の浮囚独り生を竊《ぬす》む
一死何んぞ疑わん、天の附與《ふよ》なるを
願わくば魂魄《こんぱく》を留めて皇城を護《まも》らん

（朝には君の恩寵を受けていた者が、夕べには穴中に生き埋めされる。人生の浮き沈みは天候にも似てあてにならない。葵はたとえ日が差さなくても、いつも太陽の方向に花を向ける。もし運が開けず青天白日の身になることができないとしても、私はどこまでも真誠を貫き通したい。

京都で親しくなっていた志士たちはみんな死んでしまい、南の島に流されていた自分が独り生を盗んでる。今は生死が天の付与するものであることを少しも疑わない。願わくば、死んだ後も魂はこの世に残しとどめ、いついつまでも皇居をご守護申し上げたい……）

「南嶼の浮囚独り生を竊む」という慙愧《ざんき》の念が、いつしか、「自分のような者でも、なおこの世に生が許されている——。申し訳ない。ありがたい」という謝念に変わり、決して見捨てることをしない大いなる者、絶対にして無限な者に額《ぬか》ずく思いがいや増してくる。これが次の一句、「一死何んぞ疑わん、天の附與なるを」となってほとばしり出てくる。どんなに苦労が多くても、「生」を与えられているという恩恵に、ただただ涙が流れてくる。「天と自分」という意識への強烈な覚醒。これこそが西郷のバックボーンとなった自覚ではなかったか。

私はこぼれ落ちる涙を拭うこともなく、牢の前の空き地に座り尽くしていた。

『菜根譚《さいこんたん》』は、「晴天白日の節義は、暗室屋漏《おくろう》の中より培《つちか》いきたる」（前集一三二）（晴天白日のような堂々とした節義も、実際には人目につかない暗く奥深い部屋の中で培われるのだ）という。西郷にとって、この二坪の牢獄は晴天白日の節義を培う屋漏となったのだ。

命《めい》に目覚めた人間は揺るがない

南海の空が白々と明けてきたのは、五時を少し回ってからだった。

その間五時間。かけがえのない時間だった。

西郷の言う敬天愛人の思想。その土台となるものは、「命を知る」ことである。

命に目覚めたとき、人は他人の思惑など気にせず、目標に向かってがむしゃらに突き進んで行く。そしてついにかけがえのない人生を全うするのである。

その意味で、西郷も『言志録』の次の言葉は天啓であると思ったに違いない。

「人は須《すべか》らく自らを省察《せいさつ》すべし。天何のゆえにかわが身を生み出し、われをして果して何の用にか供せしむる」（一〇条）

（人は誰でも次のことを反省し考察してみる必要がある。天はなぜ自分を生み出し、何の用をさせようとするのか――）

こう問い、深く悟るとき、そこから強烈な自覚が生まれてくる。

人生は再び巡ってこないという自覚もそこから生まれてくる。一度かぎりの人生だから、自分に与えられた可能性の限界に挑戦しようと思う。命《めい》に目覚めた人間は強い。揺るがない。不動である。そこでは私利私欲に駆られた欲望は自ずから退けられていく。

だからこの条の後段は、いっそうわれわれを啓発する。

「われすでに天のものなれば、必ず天の役《やく》あり。天の役共《きょう》せずんば天の咎《とが》必ず至らん。省察《せいさつ》してここに到れば、則ちわが身の苟《いやし》くも生くべからざるを知らん」

（自分は天のものであるから、必ず天の仕事がある。この天の仕事を果たさなければ、必ず天罰を受けるだろう。こう内省すると、うかうかと生きていてはいけないことに気づかされる）

かけがえのない人生を与えられ、かけがえのない人生を歩ませていただいていることの感謝が、具体的に手を与えられ足を与えられて実践できる自分の身体に向けられていく。人は自分自身を礼拝する境地まで行かなければならない。

『言志耋録《てつろく》』の次の一条も、おそらく西郷がくり返しくり返し反芻《はんすう》した言葉に違いない。

「自らを欺かず。これを天に事《つか》えるという」（一〇六条）

西郷は「私心を去る」ことが修養の要であるとした。『論語』に、「君子はこれを己に求む。小人はこれを人に求む」というとおり、人に求めず、ひたすら修養に励んだ。

修養はその人を四角四面のおもしろみのない道徳的な人間に仕立て上げるのではない。そうではなく、その人の胆識と誠意を作っていく。そして、そういう人間はいつしか一つのグループの要になっていく。

西郷の遺訓にある次の一節も、自分の弱さとの血を吐くような闘いから生まれた言葉である。

「己れを愛するは善《よ》からぬことの第一なり。修業のできぬも、事の成らぬも、過ちを改むことのできぬも、功に伐《ほこ》り驕慢《きょうまん》の生ずるも、みな自ら愛するがためならば、決して己れを愛さぬものなり」（二六条）

（自分さえよければ、人はどうでもよいというような心は、もっともよくないことである。修業ができないのも、事業が成功しないのも、過ちを改めることができないのも、自分の功績を誇りたかぶるのも、みんな自分を愛することから来ている。決して自分を利己的に愛してはいけない）

その結果、たとえば内村鑑三が感嘆しているような人物が作られたのだ。

「（西郷の偉大さは）同じ偉大さでも、これは道徳的の偉大さであって、偉大さの中でも最高のものである」（『代表的日本人』）

西郷が断じて許せなかったもの

話は余談だが、西郷は後進の教化育成に熱心であった。

教育の重要さについて、佐藤一斎もこう書いている。

「よく子弟を教育するは、一家の私事に非《あら》ず、これ君に事《つか》うるの公事なり。君に事《つか》うるの公事

に非ず、これ天に事《つか》うるの職分なり」（『言志録』二三三条）

（子弟を教育するのは、一家一門の繁栄を計ろうとする私事ではない。君に仕える公事である。いや、それ以上に、人間として天に仕える大切な本分である）

西郷も一斎の考えに大きく傾倒するところがあったのだろう。

明治六年（一八七三）、征韓論が敗れ、鹿児島に帰った西郷は、明治七年（一八七四）六月、城山の厩跡《うまやあと》に私学校を設けて青年たちの教育に入った。

「およそ国を治め人を治めんとする者は、まず自らを治めねばならぬ。自分を治めることができずに、どうして人を治め、国を治められようか」

西郷の持論であり、私学校の建学の精神である。この「自分を治め、そして人を治め、国を治める」道を教えるテキストとして、『言志四録』も使ったのだ。

明治維新政府に対する西郷の憤懣《ふんまん》は、西洋列強を先進国ととらえ、何でもかんでも右へならえする姿勢にあった。『西郷南洲遺訓』に残されている次の言葉は、外国に模した豪壮な庁舎や宮殿を造り、自分を忘れて追随している維新政府の顕官たちへの痛烈な批判でもあった。

「文明とは道の普《あまね》く行わるるを賛称せる言にして、宮室の荘厳、衣服の美麗、外観の浮華を言うには非ず。世人の唱えるところ、何が文明やら、何が野蛮やらちっとも分からぬぞ。予、かつてある人と議論せしことあり、西洋は野蛮じゃといいしかば、否、文明ぞと争う。否、野蛮じゃと畳みかけしに、何とてそれほどに申すにやと推せしゆえ、実に文明ならば、未開の国に対しなば、慈愛を本とし、懇々説諭して開明に導くべきに、左は無くして未開蒙昧《もうまい》の国に対するほどむごく残忍の事を致し、己れを利するは野蛮じゃと申せしかば、その人、口をつぼめて言無かりきとて笑われける」（一一条）

（文明とは道義にかなったことが広く行われることを讃えて言う言葉であって、宮殿が荘厳であったり、衣服が華美であったり、外観が華やかであることをいうのではない。世の中の人のいうことを聞いていると、何が文明なのか、何が野蛮なのか、少しもわからない。

私はかつて人と議論したことがある。私が西洋は野蛮だと言ったところ、彼はいや西洋は文明国だという。いや、野蛮だとたたみかけて言うと、なぜそれほどまでに申されるのかと聞くので、言った。

「もし本当に文明国だったら、未開の国々に対して慈愛の気持ちを持ち、懇々と諭《さと》して、開明に導くだろう。ところが、未開で無知蒙昧な国に対するほど、むごく残忍な仕打ちをし、自国の利益をむさぼっている。これは明らかに野蛮だからだ」

その人はさすがに口をつぐんで返答できなかったよと、笑われた）

キリスト教諸国が伝道に力を入れる一方で、未開国を蹂躙《じゅうりん》し自国の利益のために植民地化する所業は、西郷は断じて許せなかったのである。西郷の持論は、意識されるされないにかかわらず、日本の有識者の意見を代表するものであった。キリスト教布教がアジアでは成功しなかった真因は、ここらあたりにあるのではなかろうか。

だからこそよけい西郷は東洋の経書《けいしょ》を用いて修己治人《しゅうこちじん》の道を説いたのである。

ただ己の道を照らす一燈を頼む

鹿児島の私学校での一風景――。

『言志晩録』の一条を読む西郷の声が、私学校の教場に響く。

「『一燈を提《さ》げて暗夜を行く。暗夜を憂うることなかれ。ただ一燈を頼め』（一三条）

――凡人の常として、自分を問題にせず、他人や環境を問題にしがちでごわす。じゃっどん、暗夜で頼みになるものは、ただ己の提灯《ちょうちん》だけではなかいもはんか。それさえあれば、もはや暗夜は心配することは無か。結局は自分じゃっど。どんな時局が来ようと、任に耐えるだけの自分を黙々とつくる。これに過ぎることはなか……」

鷹揚《おうよう》に構えながらも、嚙んで含めるように話す西郷の解説が、居並ぶ青年たちの胸の中に吸い込まれていく――。

人間の業はなかなかに度しがたいものだということを、維新政府でいやというほど経験している西郷だったからこそ、人としての基本の基本について、真剣に話した。

この一条はもちろん、西郷が選び、座右の箴《しん》とした一〇一条の中にも含まれている。同じような教育が、西郷が主宰した教育機関・開墾社でも行われた。鹿児島城下から東北に約一二キロメートルほど離れたところにある吉野の寺山で、開墾社はその名のとおり、昼は開墾に従事し、夜は勉学に励んだ。ここは元陸軍教導団生徒一五〇人を集めて、明治八年（一八七五）四月に設立されている。

西郷は私学校同様、この事業にも力を入れ、自ら開墾に携わって山を拓《ひら》き、田畑を耕して、夜は講義した。西郷は起居していた部屋の床の間に宋の経綸家・陳龍川《ちんりゅうせん》の十四文字、

推倒一世之智勇　　一世の智勇を推倒《すいとう》し
開拓万古之心胸　　万古の心胸を開拓す

を掲げて、自ら精神修養に務め、後進の育成に当たった。この開墾事業が成功したら、私学校にも適用し、出水《いずみ》郡大野原の開墾をしようと計画していたという。

豊後日田《ひた》（大分県日田）が生んだ幕末の儒学者・広瀬淡窓《たんそう》（一七八二〜一八五六）に、「桂林荘雑詠」という漢詩がある。

休道他郷多苦辛
同袍有友自相親
柴扉暁出霜如雪
君汲川流我拾薪

道《い》うを休《や》めよ、他郷苦辛《くしん》多しと
同袍《どうほう》友有り、自ら相親しむ
柴扉《さいひ》暁に出ずれば、霜雪のごとし
君は川流《せんりゅう》を汲め、我は薪《たきぎ》を拾わん

（国を出て他郷で勉学に励むのは苦労が多いというのはやめなさい。そこには親兄弟はいないだろうが、友達がいて、親しく付き合っているではないか。早暁、柴戸を開けて外に出てみると、霜が雪のように真っ白だ。朝飯の支度のために、君は川に行って水を汲め、私は山に行って薪を拾ってこよう）

昔から晴耕雨読し、川流を汲み、薪を拾う生活は、教育の原点だったようだ。そういえば、安岡正篤《まさひろ》も昭和六年（一九三一）に埼玉県比企《ひき》郡嵐山町菅原に日本農士学校を建て、半日農業、半日学問の教育を行っている。また、その同窓会を川薪《せんしん》会と呼んでいるのは、この詩に由来している。

ここまで、第一章では西郷や吉田茂に与えた佐藤一斎と『言志四録』の影響を見てきた。『言志四録』を語る場合、西郷のことは疎《おろそ》かにすることができないからである。

では、佐藤一斎自身はどういう人生を送り、何を考え、何と闘った人なのか。その代表的著作である『言志四録』の中から、私の心の琴線《きんせん》に触れる条を抜き書きして、その思想を探ってみたい。

第二章以降を読めば『言志四録』の秘めているパワーに改めて驚かれるのではないかと思う。それほどに『言志四録』が秘めているエネルギーは素晴らしい。私はただ百数十年間秘められてきたエネルギーを解放し、現代に紹介したにすぎないが、これからますます『言志四録』の説く真理は注目されるだろう。われわれは素晴らしき先人を持って幸せである。

第二章

志を養う

1　天命とは何か

天を自分の師とする

太上《たいじょう》は天を師とし、その次は人を師とし、その次は経《けい》を師とす。(『言志録』二条)

(最上の人物は天を師とし、次の人物は優れた人を師とし、その次の人は聖賢の書を師として学ぶ)

『言志四録』(『言志録』『言志後録』『言志晩録』『言志耋録《てつろく》』の四冊をいう)の第一冊目である『言志録』は、天の思想の展開で始まっている。その第一条はこんな言葉で始まる。

「およそ天地間のことは、古往今来、陰陽昼夜、日月《じつげつ》代わる代わる明らかに、四時《しじ》錯《たが》いに行《めぐ》り、その数みな前に定まれり(後略)」

(天地間に起こる事柄は、昔から今まで、陰陽あり、昼夜あり、太陽と月が交互に世を照らし、四季がめぐるなど、条理はすべて前から定まっている)

宇宙にも人生にも天理があり、それを踏まえて行動すれば、右往左往しないですむのだが、いかんせん、人は必ずしもそうではない。

「世人《せじん》そのかくのごときを悟らず、もって己の知力恃《たの》むに足るとなして、終身役役《えきえき》として東に索《もと》め、西に求め、ついに悴労《すいろう》してもって斃《たお》る」(同条)

(世間の人はこうしたことを悟らないで、自分の知力は信じるに足ると思い、生涯せっせと栄誉栄達を、今日は東、明日は西と探し求め、ついにやつれ果てて倒れてしまっている)

一斎はそういう現実を述べながら、この条で、「天を師とする」ことが、ちっぽけな自我意識を超えていくのにいかに大切かを説く。

『論語』憲問《けんもん》篇に、孔子と弟子の子貢《しこう》のこういうやり取りが出ている。

孔子が、今の世の中には誰も自分を知ってくれる人がいないと慨嘆した。それを聞いた子貢が、孔子を慰めて言った。

「そうではありません。今の世の中の人で先生の令名を聞かない人はありません。十分有名です」

孔子はその言葉に満足せず、重ねて言った。

「私は卑近なことに力をいたして、一歩一歩修徳の上達を図ってきた。そうして天理に達し、この世に普《ひろ》く道を行おうとして努力してきたが、常に天の時を得ず、事は志と違ってばかりいる。さりとて、天を怨む気持ちは毛頭なく、人を咎《とが》め立てする気持ちもない。ただ、真に自分の心を知ってくれているものは、ただ天だけだとつくづく思う」

この世に真に心を打ち明ける人を得なかったので、孔子は、「天だけは私の心を知ってくれている」ともらしたのだ。

一斎は、孔子が言った「天を怨まず、人を咎めず」を、生涯の根本姿勢とした。

「わが心、即《すなわ》ち天なり」（一九八条。以下、いずれも『言志録』）

「性は善なりといえども、しかも軀殼《くかく》なければその善を行うことあたわず。軀殼の設《もう》け、もと心の使役に趨《おもむ》きて、もって善をなさしむるものなり」（二〇九条）

（人の本性は善であったとしても、体がなければ、その善は行うことはできない。天が体を設けたのは、体はもともと心に使われて、善をさせるためである）

「軀殼は則《すなわ》ち天を蔵《ぞう》するの室なり」（一三七条）

という表現に見られるように、一斎には、自分の体は天の器にすぎない、だから天の用がまだある以上、死ぬことはない。死ぬのはもはや天の役に立たなくなったときであるという強烈な自覚があった。「志の書」と言われる『言志四録』は、だから「天の書」と言うことができようか。

自分に正直に生きよう

自ら欺《あざむ》かず。これを天に事《つか》えるという。（『言志耋録』一〇六条）

（人に対してではなく、何よりも自分自身を欺《あざむ》かない。至誠を尽くす。これを天に仕えるという）

人はごまかすことはできても、自分はごまかせない。消費者はごまかすことはできても、生産に携わっている社員はごまかせない。至誠とは結局、自分自身をごまかさないことである。そして天に仕えるということは、この至誠至純の情に生きることである。

ところで、天、もしくは神仏というと、そのような存在があるかどうかが問題になる。神仏があるかないか、私にはわからないが、ただ小賢《こざか》しい人智を超えて、いっさいを取り仕切っている大宇宙の神秘的な力が存在することだけは確かだ。

だから、西行《さいぎょう》が伊勢神宮にお参りしたとき、神殿に手を合わせ、深々と礼拝して詠んだ和歌のように、私もただただありがたさに頭が下がる。

何事のおわしますかは知らねどもただかたじけなさに涙こぼるる

そういう神仏に出会い、自分の命《めい》を悟ったとき、人は不動の人生を歩み出す。不退転の決意といわれるものも、こうした天命の自覚に裏打ちされるとき、本物になる。

創造的な多くのことは、形をなし、日の目を見るまでは、不退転の決意をもって倦《う》まずたゆまず遂行されるものである。世の多くの人はできあがったものを指して素晴らしいと称賛し、その努力を讃えるものだが、成功の背後にはこの心的自覚があることを見落としてはならない。

同席対面五百生《しょう》

平成五年二月のある寒い日、私は松山に坂村真民さんを訪ねた。

「たんぽぽ堂」と名づけられた真民さんの家で歓談した後、近くのレストラン「開花亭」の一室で先生を囲んでの集まりがあった。五十名ほどの人が詰めかけていて、いっぱいで入り切れない。詰められるだけ詰め、ぎっしり座って熱心に真民さんの講話を聞いた。

問題はその後である。楽しくも心に響く講話が終わって、食事を囲んでの懇親会に入った。

私は何気なく、私の前の食卓の上の箸袋に目をやった。箸袋には真民さんの詩が印刷されていた。

字は一字でいい
一字にこもる
力を知れ

花は一輪でいい
一輪にこもる
命を知れ

とたんに私は凍りついてしまった。激しく魂が揺さぶられた。

「字は一字でいい」

饒舌《じょうぜつ》はいらない。自分の思想を語るには一字でいいのだ。

「一字にこもる力を知れ――」

言葉がなかった。詩人の言霊《ことだま》が凛《りん》として宣言していた。そうだ、そうだった……。

懇親会は酒も出て、歌も出て、和んだ楽しいものだった。月一度のその会が終わり散会になっても、真民さんの周りには車座《くるまざ》になって話を聞く人々があった。

その真民さんから贈られた色紙に、こんな言葉が書かれていた。

対面五百生《しょう》

(――いま導かれて尊い教えを聞くことができるのは、五百回も生まれ変わるほどの長く深い仏縁のお陰です。いまあなたと同席でき、顔を合わせることができたのも、五百回の前世からの深い仏縁からなのです。それを思うと、一つの出会いにどんなに深い配慮がなされていることか、ただただありがたいばかりです)

再びショックが走った。

八十四歳の寡黙な詩人は何も語らないけれども、墨痕鮮やかな揮毫《きごう》から、そんな意味が伝わってくる。私のようなちっぽけな者にも手を合わせ、拝み、出会いの恵みに感謝される。もったいない、ありがたい――、そんな思いがこちらにも伝わってきて、穴があったら入りたい気持ちにさせられた。

この「対面五百生」は、「聞法因縁《もんぽういんねん》五百生、同席対面五百生」という仏語の一部で、一期一会を大切に生きている詩人の思いそのものである。

真民さんは修辞をもてあそぶ詩人ではない。宇宙の哲理を読み込んだ宗教詩人だ。毎朝暗いうちに起き出して、近くの重信《しげのぶ》川の川べりを歩く。そしてひざまずいて御仏《みほとけ》に祈りを捧げる。雨の日も風の日もその行は欠かされたことがない。そんな行から詩の一字、一句が生まれてくるから、読む人の心に響くのである。
全国にすでに五百あまりの石碑が建ったという「念ずれば花ひらく」も、有名な「二度とない人生だから」の詩も祈りの中からほとばしり出たものである。

井戸水に学ぶ

凡《およ》そ事を作《な》すには、須《すべか》らく天に事《つか》うるの心あるを要すべし。人に示すの念あるを要せず。（『言志録』三条、『南洲手抄言志録』四条）
（およそ事をなすには、天に仕えるような心持ちで行うべきだ。人に見せようなどという気持ちを持ってはいけない）

われわれは「天」という思想を失って久しい。しかし、人間が単なる動物の域を超えて、崇高な霊的存在に成り変わるためには、もう一度この思想に帰る必要がある。

私は「上位概念」「下位概念」という言葉を使っている。上位概念とは天を指し、下位概念とは人間である。だからこの上位概念に目覚めなければ、人間は自己への執着から離れることはできない。下位概念の人間は、上位概念たる天の器になろうとすることによって、偉大な存在に脱皮できるのではなかろうか。

このことは一斎も言及している。天は仕えるべき存在だけなのではなく、実は人間の中に入って、その心となっているのだと説く。人間こそが天なのだという。

「軀殼《くかく》はこれ地気《じき》の精英、父母によりてこれを聚《あつ》む。心は則ち天なり。軀殻成りて天焉《これ》に寓《ぐう》す。天寓して知覚生ず。天離れて知覚泯《ほろ》ぶ。心の来処は乃《すなわ》ち太虚《たいきょ》これのみ」(『言志録』九七条)

(肉体は地気のエッセンスで、父母によって集められたものである。心は天である。肉体ができ上がると、天が肉体に宿る。天が宿ると初めて知覚観念が生じ、天が肉体を離れると知覚がなくなるのだ。従って、心のよって来たるところのものは、宇宙の根源なのである)

井戸水はかい出してもかい出してもまた出てくる。とことんかい出してもう涸《か》れ果てたと思っていても、いつの間にか、じわーっとしみ出し、満々とたたえるようになる。

また、王陽明も「活水源有り」(『文録』)と言っている。

天と自分との関係も、この地下水と井戸水の関係に似ているのではないか。地下水との関係が切れない限り、井戸水は涸れることはない。そのように、人間も天との関係を見失わない限り、涸渇することはない——。

そう思うと、生きとし生けるもの、縁あって出会った人々に、私にできうる限りのことをしたいと思う。

2　自己を掘り下げる

克己の工夫は一呼吸の間にある

古己《こっき》の工夫は一呼吸の間《かん》にあり。（『言志後録』三四条）
（克己の工夫は一呼吸の間にある。いろいろ思い悩むのではなく、即行動すべきだ）

一斎の克己の経験から出た言葉で、後学の者には示唆されることが多い。

清の末期の哲人宰相に、曾国藩《そうこくはん》という人がいた。若いころは早朝四時に起床して精神修養に努めた人である。

曾国藩に限らず、誰しも起きるのは辛い。温かい布団の中にいたい、ぐずぐずする弱い自分がある。曾国藩はそういう自分を叱り、「即起」を励行した。眠気を去ると、早朝の霊気の中で静座し、公明正大な自分を作っていった。一国の宰相ともなる人物、陰ながらこういう努力があったのだ。

未明混沌の刻に目覚める心地よさ

次に早朝を讃美する詩を掲げよう。

前に書いたように、宗教詩人の坂村真民さんは天地の気象が変わるという朝三時半には、近くを流れる重信川の川岸まで、黎明《れいめい》を衝いて祈りに出る。詩を志してからこのかた、夜が明けてから起きたことがないという。だから、早朝の爽快さを知り尽くしている人の詩である。

わたしがいちにちのうちで
いちばんすきなのは
みめいこんとんの
ひとときである

わたしはそのこんとんのなかに
みをなげこみ
てんちとひとつになって
あくまのこえをきき
かみのこえをきき
あしゅらのこえをきき
しょぶつしょぼさつのこえをきき
じっとすわっている
てんがさけび
ちがうなるのも
このときである
めいかいとゆうかいとの
くべつもなく
おとことおんなとの
ちがいもなく
にんげんとどうぶつとの

さべつもない
すべてはこんとんのなかに
とけあい
かなしみもなく
くるしみもなく
いのちにみち
いのちにあふれている
ああわたしが
いちにちのうちで
いちばんいきがいをかんずるのは
このみめいこんとんの
ひとときである

『書は心』に収録されているこの詩の冒頭には、自筆で書かれたこんな文章が添えられている。修業を人生の大事と考えている者には、教えられる文章である。

「私は目が覚めたら、夜が明けていたということを、今日まで一回も持たない。いつも未明混沌の刻に目覚め、起床している。だからこの時刻は、私の体の中に同化し一体となり、私の生命体となっている。私の一切がここから流れ出ているといっても過言ではない。そういう意味で、この詩は私の根源を物語っているものと言えよう」

真民さんの書簡にはこうも書かれていた。

「私はもう早起きは苦痛ではないのです。むしろ寝ているほうが辛いのです。神と共に目覚めている、仏と共に目覚めているのが喜びです」

生きている限りの時間を神仏のため、人々のための奉仕に使いたいと願う人にとって、「黎明には即起」（曾国藩）が普通のことになる。

克己の工夫について、『言志後録』でも同じようなことを言っている。

「一の字、積の字、はなはだ畏《おそ》るべし。善悪の幾《き》も初一念《しょいちねん》にありて、善悪の熟するも積累《せきるい》の後にあり」（『言志後録』三八条）

（一の字と積の字は非常に畏れなければならない。善悪の兆しはすべて最初の一念にあり、善悪が固まり熟すのも、初一念が積み重なった結果である）

黒田官兵衛の「水五訓」

仰《あお》ぎて山を観《み》れば、厚重《こうじゅう》にして遷《うつ》らず。俯《ふ》して水を見れば、汪洋《おうよう》として極まりなし。仰ぎて山を観れば、春秋に変化し、俯して水を見れば、昼夜に流注《りゅうちゅう》す。仰ぎて山を観れば、雲を吐き煙を呑み、俯して水を見れば、波《は》を揚げ瀾《らん》を起こす。仰ぎて山を観れば、巍《ぎ》としてその頂《いただき》を隆《たか》くし、俯して水を見れば、遠くその源を疏《ひ》く。山水は心なし。人をもって心となす。一俯《ふ》一仰《ぎょう》、教えにあらざる莫《な》きなり。

(『言志後録』一五五条)

(仰いで山を観《み》れば、重厚にして動かない。俯《ふ》して水を見れば、広々として果てしがない。仰いで山を観れば、春秋によって眺めが変わり、俯して水を見れば、昼夜を分かたず流れている。仰いで山を観れば、雲を吐き煙を呑み、俯して水を見れば、大波小波を起こしている。仰いで山を観れば、巍然《ぎぜん》として頂は高く聳《そび》え、俯して水を見れば、遠く水源まで疏通《そつう》している。山も水も無心だが、観る人の心によってさまざまな意味が生じてくる。こうして見てみると、一俯《ふ》一仰《ぎょう》、教えでないものはない)

自然はさまざまなことを語ってくれる。それを聞くことができるもできないも、自分次第である。『論語』には「三人行けば必ずわが師あり」（述而篇《じゅつじ》）とあるが、実は万物もわれわれの師でないものはない。生きとし生けるものすべてが、われわれを「人と成す」べく、導いているのである。

だから、次のような俳句は自然の美しさを詠んだだけで、毒にも薬にもならないと思われがちだが、そうではない。自然のさゆらぎに心を合わせていくと、いつしか力《りき》みが取れ、くつろいだ自然体に変わっていく。

六月や峯に雲置くあらし山　　芭蕉
何の木の花とは知らず匂《にほ》ひかな　　芭蕉
鷹ひとつ見つけてうれし伊良湖崎《いらこざき》　　芭蕉

人間は成長すれば形だけは一応人間になる。しかし、その中身の形式については親も先生も手を貸すことはできない。自分自身を形づくるのは自分だけである。人間が霊的存在と言われているゆえんである。人は自分が勝ち得た世界観、人生観に従って、人生を描く。その人が尊い生き方をしたかどうかは、周囲の人、後世の人が、情け容赦もなく判断する。

司馬遼太郎の『播磨灘物語』の主人公になった黒田官兵衛も、水のあり方に人生の処し方を学んでいる。いわゆる「水五訓」と言われるものである。

一、自ら活動して、他を動かしむるは、水なり。
二、つねに己の進路を求めてやまざるは、水なり。
三、障害に遇《あ》って、激しくその勢力を百倍し得るは、水なり。
四、自らは潔《いさぎよ》うして他の汚濁《おだく》を洗い、清濁《せいだく》合わせ容《い》るる量あるは、水なり。
五、洋々として大海を満たし、発しては霧となり、雨雪と変じ、霰《あられ》と化す。凍っては玲瓏《れいろう》たる鏡となり、しかもその性を失わざるは、水なり。

また、古来、水の徳を語って無比なるものに、『老子』がある。
「上善は水の如し。水は善く万物を利して、争わず、衆人の悪《にく》む処に處《お》る。故に道に幾《ちか》し」(八章)
(最上の善は水のようなものである。水は生きとし生ける物すべてを生かしている。しかし、他と功名を争うことがない。水は多くの人がいやがる低い位置に身を置く。だから水こそ道に近い存在だと言えよう)

書物を去って自然に学んだ老子ならではの言葉である。人間の師は人間だけではなく、自分の目が開けてみれば、実は万物一切がそうなのである。

人間の器をつくる「六事十二字」

敬忠、寛厚《かんこう》、信義、公平、廉清《れんせい》、謙抑《けんよく》の六事十二字は、官におる者のよろしく守るべきところなり。（『言志後録』一九七条）

（敬忠〈人を敬い、忠節を尽くすこと〉。寛厚《かんこう》〈寛大にして重厚であること〉。信義〈人から信頼され、義に厚いこと〉。公平〈公明正大で、私心なきこと〉。廉清《れんせい》〈慎ましく、利益に心をひかれないこと〉。謙抑《けんよく》〈人に対して謙虚で、自分を抑えていること〉。この六事十二字は官吏たる者のよく守るべきことである）

一斎は六事十二字を官吏の守るべきことと言ったが、人の上に立つ者と置き換えたほうが今日的であろう。仕事ができるということはリーダーたる者の条件ではあるが、それだけでは人はついてこない。人がついてき、しかもそれらの人々が生かされるためには、この六事十二字に表わされるような人徳を持つことが大切だ。

人の上に立つということは名誉なことではあるが、自分のあり方次第では生きる人も生きないと思ったら、恐ろしいことなのである。

米沢藩の救世主となった上杉鷹山が、数々の藩政改革で功績を上げ得たのも、家老以下、藩士、領民がついてきたからである。したがって、目に見える形での藩政改革が着手される以前の、藩主への信頼を勝ち得ていく過程こそ、われわれが見過ごしてはならないものである。

上杉鷹山の和歌一首。


人多き人の中にも人はなし人になれ人人になせ人

改革の一番初めにあるのは、自分の改革なのである。

見識、度量は培うもの

識量は知識と自ずから別なり。知識は外にありて、識量は内にあり。(『言志後録』

二一〇条)
(見識、度量と言われるものと、知識は自ずから別物である。知識は外から来るものであるが、見識、度量は自分の内に培われるものである)

あるとき、松下幸之助が日本能率協会で行った講演が大変受けたので、これを単行本にしようという話が重役会にかけられた。松下幸之助のことなら反対する者はいない。とんとん拍子で決まりかけたところ、末席の平取締役が手を挙げて意見を言った。

「会長の説かれた労使関係論は確かに傾聴に値することですし、もしこれが実現すれば、理想的な労使関係が樹立されるでしょう。しかしながら、ご講演をそのまま単行本にして世に問われるのは時期尚早ではないでしょうか。

理由は、会長が理想とされる労資関係についての講演内容と、松下電器の実情とがいささか乖離《かいり》しており、それを読んだ読者は、ひどく裏切られたように感じるのではないかと思われるからです。これは松下電器にとってもマイナス要素です。したがってこの出版は取り止めるべきではないでしょうか」

かく発言したのは、取締役二十六人中二十五番目でしかなかった冷機事業部長の山下俊彦である。山下の率直な意見に松下は一瞬鼻白んだが、直言をよしとして単行本化は取り止めになった。

先輩取締役をさしおいて発言する、しかも痛い忠告をするというのは勇気がいるものだが、それに耳を傾けることも度量がいることだ。松下は常々こう言っていた。

「戦国時代、合戦をするときには、必ず、帷幕《いばく》の中から、『恐れながら……』と大将に逆らってまでも意見を具申する侍がいたものだ。いまの松下電器にそういう者がいるかどうか」

だから、山下俊彦のような男の出現は松下にはうれしかったにちがいない。

しばらくして松下は二十五人抜きで山下を取り立て、社長に据えるのだが、そのときの弁。

「あれは何でもズバズバとわしにものを言う男だから……」

「一国争臣なければ殆《あやう》し」

と言う。争臣とは主君に直言して争う臣のことである。その争臣を社長に抜擢したのだから、松下の識量も並々ならぬものがあったと言えよう。

ここで言う識量とは、見識、胆識《たんしき》とも言われるもので、知識が経験と修養を経て、その人の血となり肉となってでき上がるものである。知識だけでは仕事はできない。知識は見識、胆識へと変わっていかなければいけない。

人はまず長所を見るべし

われはまさに人の長処《ちょうしょ》を視るべし。人の短処《たんしょ》を視ることなかれ。短処を視れば、則ちわれ彼に勝り、われにおいて益なし。長処を視れば、則ち彼われに勝り、われにおいて益あり。（『言志晩録』七〇条）

（人を見るときには、その人の優れたところを見るべきで、短所を見てはいけない。短所を見れば彼に優れているため、傲《おご》りの心が生じ、自分のためにならない。ところが彼の長所を見れば、彼が自分に勝っていることがわかり、啓発され、発奮するから、自分にも利益となる）

「経営の神様と言われた松下幸之助さんほど、人を見るとき、その長所に心を留めた人はなかった」

と言うのは、長年、松下幸之助の女房役を演じてきた高橋荒太郎・松下電器特別顧問だ。高橋が感心するほどに、松下語録にも「人の長所を見ろ」という個所が多い。たとえば次の言葉。

「優雅な千代田城の石垣を見なはれ。四角もあれば三角もあり、丸いのもおますやろ。おまけに隙間や空間まであって、あの美しく堅固な石垣ができているんでっしゃろ。宴会のときには水際だって役に立つ人間が、経理をやらせると間違えてばかりいる。しかし、会社にはそういう人も必要なんや。つまり、それぞれの持ち味を生かしてゆくのが経営であり、経営とは同時に教育なんや」

高橋は、上杉鷹山の師であり、再興された米沢藩の藩校・興譲館《こうじょうかん》で講義を行った細井平洲《へいしゅう》の言葉を引いて、それが天地の理にかなったことであることを裏づけた。

「百姓の葉大根を作り候は、一本一株も大切にいたし、一畑の中にも上出来もあれば、ヘボもあり、大小不揃いに候ても、それぞれ大事に育て候て、よきも悪きも食用に立て申すことに御《ご》座候《ざそうろう》」(『嚶鳴館遺草《おうめいかんいそう》』)

(百姓が葉大根を作るときは、一本一株をも大切にする。一つの畑の中には上出来もあれば、ヘボもあり、大小不揃いもあるけれども、それぞれ大事に育て、よきも悪きも食用に用立てするものである)

松下には一人ひとりの与えられた個性を引き出そうという訓育の姿勢が明らかだったから、多くの人がその下で働きたいと思った。

アメリカの鉄鋼王、アンドリュー・カーネギーの墓碑には、

「自分よりすぐれたる者を自分のまわりに集める術を心得し者、ここに眠る」

と書いてあるという。優れたる人は、人を生かし使うことにおいて優れているのである。

慎独の工夫ができる人に敵なし

慎独《しんどく》の工夫はまさに身の稠人広坐《ちゅうじんこうざ》のうちにあるが如きと一般なるべく、応酬《おうしゅう》の工夫はまさに閑居独処《かんきょどくしょ》のときの如きと一般なるべし。（『言志晩録』一七二条、『南洲手抄言志録』七六条）

（独りを慎む工夫は、ちょうど人込みの中、あるいは広い座敷の中にいるのと同じ気持ちでいることだ。人との応対の工夫は、独り閑居にいるときと同じ気持ちですればよい）

ある日、竹林精舎で、釈尊が弟子たちに相談した。

「私も初老に入ったせいか、身の周りのことをやってくれる人がいたら助かる。ついては雑用係として誰かつけてくれないか」

釈尊の教団が日に日に大きくなって、繁忙を極めるようになっていた。教団のことはもちろん弟子たちが運営してくれているが、釈尊の身の周りを世話する人はまだいなかったのである。

そこには舎利弗《しゃりほつ》など高弟も居並んでいた。

「世尊、それでしたら、不肖、私がやらせてもらいます」

口々に名乗り出る者たちがあった。釈尊は笑いながら、

「でもねえ、お前たち私と同じく年を取っている。お前たちが従者を必要とする年齢なのに、それでは申し訳ない」

「それじゃ、誰か若い者をつけましょう」

弟子たちが話し合った結果、白羽の矢が立ったのは、阿難《あなん》という青年だった。ところが阿難はこの栄誉を固辞したのだ。どうして、と訝《いぶか》る弟子たちに阿難は答えた。

「私はまだ修行が足りません。なのに、世尊のお側にいて取次ぎなどをすれば、世尊と皆様方の間に溝を作ってしまうことにならないともかぎりません。どうぞお許しください」

しかし、釈尊の世話をするなど、常人には頼みがたいことである。是が非でもと口説くと、

「それでは三つのことをお許しいただけますか。それだったらやらせていただきます」

と答えた。弟子たちは何事かと身を乗り出して聞いた。

阿難の「自分を律する三つの工夫」

「第一に、新旧にかかわらず、釈尊の衣服をいただかないこと。

第二に、釈尊が在家の方々に招かれたとき、同席してもてなしを受けないこと。

第三に、時でもないときに釈尊にお目にかかり、お給仕をしないこと。以上です」

これを聞いて弟子たちは、何だそんなことかと了承した。しかし、これを伝え聞いた釈尊は阿難を見直した。

「なるほど、人間がどういうことに弱いのか、よく見ている。大したやつだ」

阿難が前もってこれはしないと言い、了解を求めた三点は、自分に厳しくあろうとした場合、修行の妨げになるものである。

釈尊の側にいたら、いろいろと恵まれることが多い。阿難はそれを恐れた。釈尊と同席してもてなしを受けたら、いつしかそれに狎《な》れっこになってしまい、自分はそれ相応の者だと錯覚してしまう。阿難はそれも恐れた。

また側にいたら、いろいろと人のうわさを釈尊の耳に入れないともかぎらない。教団のことについても、立場でもないのにいらざる口出しをしないともかぎらない。これも恐れた。

だから阿難は先んじて、三つのことは辞退したいと言ったのである。もし阿難が名声だけを求めている男だったら、選ばれたことに有頂天になってしまい、その役が持っている落とし穴のことは考えなかったに違いない。誰も見ていないところで慎んでいたからこそ、そういう日の当たる役職は何が危険か考えたのである。釈尊はそれを察知して、阿難というやつはすごいと言ったのではなかろうか。以来阿難は釈尊の側に二十五年務めた。狎《な》れることなく、甘えることなく、怠ることのない二十五年間だった。

心は現在なるを要す

心は現在なるを要す。事未《いま》だ来たらざるに、邀《むか》うべからず。事すでに往《ゆ》けば、追うべからず。わずかに追い、わずかに邀《むか》うれば、則ちこれ放心なり。（『言志晩録』一七五条、『南洲手抄言志録』七七条）

（われわれはいつでも心を現在のことに集中しておかなければならない。事がまだ起こっていないのに、いたずらに取り越し苦労してはいけない。また過ぎ去ったことを追いかけてはいけない。わずかでも過去を追ったり、まだ来ない将来のことを案じることは、ともに自己の本心を失っていることである）

一芸に秀でた人が必ず言っているのが、「今」「ここに」生きるという生活態度である。過ぎたことは悔いない。まだ見ぬ将来を心配して、取り越し苦労をしない。生きているのは「今」

であり、「ここ」である。だから、「今」「ここに」を大切にして、最善を尽くせと説く。

プロ野球の名選手で名監督だった川上哲治は、監督の采配《さいはい》についてこう語っている。

「野球は九回ゲームセットになるまで、何が起こるかわからない。だから、先を先をと読んで、こうなったらこうしようと考えても、取り越し苦労に終わることが多い。先手先手を読むこともいいが、そのときそのときをきっちり仕上げていくことのほうがもっと大切です」

『荘子《そうじ》』に、「至人の心を用いること、鏡の如し。将《おく》らず、逆《むか》えず、応じて、蔵《ぞう》せず」（応帝王篇）とあるのは、このことを指している。達人になればなるほど、心は澄んで鏡のようである、過去や未来のことに心を取られてくよくよしない、目の前のことはすぐ対応して解決し、いつまでも腹にしまっておかないという意味だが、川上の言がなるほどと響いてくる。

剣を取っては向かうところ敵なしと言われた宮本武蔵は、晩年、剣を取らなくなった。身を守る守らないは、もはや剣にはないことを悟ったからである。剣はなくとも人にもはや撃たれることはない——それが帯刀を捨ててしまった理由だった。

ある夏の夕べ、武蔵は床几《しょうぎ》に腰かけて、池の畔で涼んでいた。例によって何の刀も帯びていない。それを見た弟子の一人が、師の腕を試す絶好の機会が到来したと思った。忍び足で床几の後ろに忍び寄ると、

「やあ！」

とばかり切りつけたのだ。武蔵は初太刀をかわした瞬間、床几に敷いてあったゴザの端をつかんで、強く引いた。弟子はゴザに足を取られて、池の中にまっさかさまに落ちてしまった。武蔵は何事もなかったように、団扇《だんせん》であおぎながら去っていったという。

武芸の習練を積んだ者にとって、「心がここにない」というのが一番怖い。武蔵にはそれがなかったという。

「放心」、すなわち「心ここにあらず」という状態は、孟子が最も戒《いまし》めたことの一つで、こんな諭しがある。

「人は飼っている鶏や犬が逃げると探し求めるものだ。ところが自分の本心を失っても、いっこうに尋ね求めようとはしない」

大才は人を拒《こば》まず

小才《しょうさい》は人を禦《ふせ》ぎ、大才《だいさい》は物を容《い》る。小智は一時に輝《かがや》き、大智は後図《こうと》に明らかなり。

(『言志晩録』二四九条)

(小才の人は他人の意見を受け入れず自分の意見に固執するが、大才の人はよく他人の

意見を受け入れる。小さな知恵は一時は輝くことはあるが、大きな知恵は後々のことまでよく考えている）

ある日、彦根の清涼寺の漢三道一和尚が足にお灸《きゅう》をすえていると、旧知の医者がやってきた。

「和尚さん、きょうは不浄日です。不浄日にお灸をすえると悪いことが起きますよ」

と注意した。和尚はすぐ、

「ああ、そうですか。ではやめにしよう」

と言って灸箱を片づけてしまった。医者は二時間ばかり歓談して帰っていった。

医者が帰ると、和尚はまた灸箱を取り出してお灸をすえにかかった。それを見た小僧さんが、

「和尚さん、今日は不浄日だということでしたが、大丈夫ですか」

と問うた。すると和尚はのんびりお灸をすえながら笑って答えた。

「心配するな。不浄日はいま帰ってしまったよ。わしは禅僧じゃ。浄、不浄に惑わされないだけの修行はしてきたつもりじゃ」

「なるほど、そういうことですか」

世の中には譲って差し支えないことが多い。客が「不浄日だ」といえば「そうですか」と応じ、客が帰れば「不浄日が帰ったよ」と自在である。霞ヶ浦の菩提禅堂の形山睡峰《かたやますいほう》師は、これ

を評して次のように言う。

「客が主《あるじ》のときには客の心に素直に従い、自分が主のときには迷信も己に従わせる。自在ですね。よく坐禅とは無心になることでしょうと聞かれます。無心というと、何も迷うことのない世界のように思われますが、実はそうではありません。

無心とは、道一和尚のように、その場その場を十分に生かして、自由に変化することのできる柔軟な心を言います。雀がチュンというと、チュンと聞ける、その素直な心のことです」

精進精進と努力し、力《りき》みながら、案外見落としていることがありそうだ。

3 志を養う

限界の中でこそ志は育つ

志あるの士は利刃《りじん》の如し。百邪辟易《ひゃくじゃへきえき》す。志無きの人は鈍刀《どんとう》の如し。童蒙《どうもう》も侮翫《ぶかん》す。

（『言志録』三三条）

（志のある人は鋭利な刃物のようなもので、魔物も尻込みしてしまう。志がない人はなまくら刀のようなもので、子どもまでが馬鹿にする）

この条は『言志四録』が「志の書」と言われるゆえんを示している。一斎は志こそが人を決めると考えており、昌平黌で教授するときも、字句の解釈以上に、弟子たちの志を高めるために時間を割いた。

ところで、何を成すべきかと模索する心に、響いてくる言葉がある。長らく神戸大学教育学部で教鞭を取り、学校の教師の間に信奉者の多かった森信三《のぶぞう》の言葉である。

「『心願』とは、人がその内奥ふかく秘めている最深の『願い』であり、『如何なる方向にむかって、この自己を捧げるべきか』と思い悩んだあげくのはて、ついに自己献身の方向をつかんだ人の心的状態といってよい」

森信三について私は『「人生二度なし」森信三の世界』でスポットライトを当てたが、世に隠れて住む隠者のような生活をしていた人である。にもかかわらず尼崎の自宅まで訪ねて来る人は後を絶たなかった。寸暇を惜しんで研究や執筆にいそしんでいた森に時間的余裕はなかったが、訪問客があれば、その人との面談を何よりも優先させていた。それらの人々から、

「如何なる方向に向かって、自己を捧げるべきか、まだつかめないのです」

と打ち明けられると、森は決まって、

「問い尋ねる姿勢がまだ曖昧《あいまい》だから、心が決まらないのです」

と言い、

「真剣に問い尋ねれば、献身の方向が見えてくるものです。そしてそういう人は、それを成し遂げずんばおらずと、寝ても醒めても、それを思い続け、奮闘します。それを心願というのです」

と答えていた。心願を抱かずしては、妥協しがちな自分の弱さに勝って、偉業を成し遂げることはできないというのだ。

『論語』に孔子の人間観が表現されている極めて重たい言葉がある。

「命《めい》を知らざれば、以て君子たること無きなり」

(何をするために、私はこの世に送られてきたのか――それが曖昧なままでは一角の人物になることはできない)

この言葉と併せると、「心願を抱く」ことの大切さが見えてくるようだ。

志を高く持つ

著眼《ちゃくがん》高ければ、すなわち理《り》を見て岐《き》せず。（『言志録』八八条、『南洲手抄言志録』六条）

（大所高所に目をつければ、道理が見えてきて、迷うことがない）

若い人に対して、よく「高いところに目標を置き、志を貫けば、成就しないことはない」と叱咤激励されるけれども、それに相当する言葉が、この「著眼高ければ、即ち理を見て岐せず」である。迷うのは、まだ目標が曖昧《あいまい》であるからだ。

さて、ここで紹介したいのは、兵庫県で小学校の教師をしていた東井《とうい》義雄である。東井はただ単に兵庫県北部に位置する養父《やぶ》郡の小学校の校長先生だった人ではない。教鞭を取った場所は山間の小さな小学校だったが、子どもたちを大いに発奮させ、小学校退職後は、大学や大学院で教職課程の学生たちを教育し、多くの人に感化を与えている。

例えば、平成七年（一九九五）一月十七日、兵庫県下を阪神淡路大震災が襲ったとき、貝原俊民兵庫県知事は東井の自戒の言葉とも言える次の詩を引用して、「ここで挫《くじ》けてならない」と被災者を励ました。

太陽は
夜が明けるのを待って
昇るのではない
太陽が昇るから
夜が明けるのだ

行政に頼って受け身になることなく、敢然と生きる被災者の姿に、全国民は大いに励まされたものだが、この詩に触発された部分も大きい。

東井は毎年卒業式には、児童一人ひとりに卒業証書と共に、直筆の色紙を贈っていたが、やはり志や目標に関するものが多い。現在、愛知県に住んでいる廣田泰幸は、次の色紙を掲げて、思い出をこう語る。

他人の欠点はだいぶんバカにでも見える
しかし自分の欠点は
バカや怠け者には決して見えない

自分の欠点が見えるだけでなく
それに挑み、改めていける人となると
もう大したものだ

「卒業式のとき、東井校長先生からいただいた色紙は、長い間、実家のダンボール箱の中で眠っていました。就職して十年も経った頃でしょうか、荷物の整理をしているとき、見つけました。その瞬間、今までのいろいろな事柄が頭の中を駆け巡り、心の底からこみ上げてくる感情を抑えることができませんでした。東井校長先生や担任の先生方のお顔、教室や校庭の風景、友だちの顔、私がこれまでに犯してきた到底償うことのできない数々の失敗、日々の生活や仕事上での争いごとなどが一気に噴き出してきたのです。

果たして私は頂いた色紙にあるような人間になっていただろうか。煩雑な日々の仕事に流され、多忙なため自分を顧みることを怠り、人間として本来一番大事な感性をも失いかけていたように思いました。東井先生からいただいた色紙の言葉は、一撃にして私を打ちのめし、自覚させてくれたのです」

いつもにこやかな顔をして、頭を撫でていた東井は、この色紙に「それができる廣田泰幸君」と書き、励ましたのだ。この色紙で廣田は、ものごとを斜交《はすか》いに見ずに、何事でも真摯に取り組む自分を再び取り戻したのだ。

平成十四年（二〇〇二）四月発行の『根——東井義雄先生を偲ぶ』という文集に、後に小学校教師になった西村徹は、東井からもらった次の色紙を掲げ、「二度目の誕生」と題して、こんな文章を寄せている。

あすがある
あさってがあると考えている間は
なんにもありはしない
かんじんの「今」さえないんだから

「私は恥ずかしいことながら、東井校長先生から色紙をいただいた時のことをほとんど覚えておらず、色紙の言葉の意味を深く考えることもありませんでした。一日一日をたいして考えもせず、遊ぶことや楽しみを優先させていたのです。

しかし、ある時この色紙を目にし、脳天を衝かれたように、ひどく驚きました。まさに、しなくてはならないことを明日あさってへと伸ばしていた私、大変なことや面倒なことから逃げていた私に気付いたのです。それからこの色紙の言葉は、私の中で少しずつその問いを変えていきました。そして、『人生は二度ないのだぞ。おまえはどう生きるのだ』という問いに見えたとき、私の二度目の誕生があった思いがしました。それ以来、この色紙を家の中に掲げるようになり、出勤前にこの言葉を黙唱することもしばしばです」

色紙には、「『自分をつくっていくということは、一秒一分でもだいじにすることだ』——西村徹君」と為書《ためが》きされていた。東井は子どもたちが奮起してくれるよう、心を砕いた。それは卒業式のときは色紙となり、あるいは折々のハガキとなって、みんなを励ましたのだ。

子どもたちの成績が上がるよう指導するのが教師の役割ではない。それよりももっと大切なことは、変転極まりない人生の荒波を乗り越えていくことができる姿勢を作ることだ。それは志を養うことなのである。

志を立てれば、邪念は退散する

閑想客感《かんそうかくかん》は志の立たざるによる。一志すでに立ちなば百邪退聴《ひゃくじゃたいちょう》す。これを清泉涌出《せいせんゆうしゅつ》すれば、旁水《ぼうすい》の渾入《こんにゅう》するを得ざるに譬《たと》う。（『言志後録』一八条、『南洲手抄言志録』一二三条）

（つまらないことを考えたり、他のことに心を動かしたりするのは、志が立っていないからだ。一つの志がしっかり立っていれば、もろもろの邪念は退散してしまう。これは清泉《せいせん》が湧き出ると、外からの水は混入できないのに似ている）

世に仕事を成し遂げた人で、志を抱くことの大切さを説かない人はいない。その人の人生がものになるか、ならないかを決めるのは、決定的に「志」である。でも若いころは、志の大切さを聞いていても、あまり深くは受け止めていない。しかし、人生を失ってしまうような存亡の危機に立たされると、果たして私の人生はこれでよかったのかと、深刻に考え始める。そこから真の模索が始まるのだ。

私の模索は、三十八歳のとき、脳梗塞《のうこうそく》で倒れ、救急車で病院に運ばれ、一命は取り留めたものの、右半身に麻痺が残り、寝たきりの生活が始まってからだった。それまでもいかに生きるべきか、考えないではなかったが、当時の真剣な模索から考えると、青臭い模索でしかなかった。

人生の危機に直面させられた私は、ベッドの上で必死に考え、本を読んだ。絶体絶命の立場に立たされると、娯楽小説のような軽いものはもう読む気がせず、魂の奥底に響く重厚なものを渇仰する。

そうした状況で読んだ『論語』は、私に改めて人生について考えさせ、心に染み入った。病床で何度も何度も読み返すうちに、『論語』の一番重要なメッセージは、堯曰篇《ぎょうえつ》にある、

「命《めい》を知らざれば、以て君子たること無きなり」

ではないかと思うようになった。自分の命に目覚めなければ、優れた人物になることはできないというのだ。私はベッドの上で唸《うな》った。

（私の使命って何だろう。私にしかできないことって、何があるのだろうか……）

安岡正篤言うところの「酔生夢死の人生」（酔っぱらっているのか、寝ぼけているのか、わからないような人生）に、知らず知らずのうちに陥っていたのだ。私はいたく反省した。

ところで、

「私は何のためにこの世の中に送られてきたのか。この人生で何をしなければいけないのか」

と、自問しない人はいない。特に秋が深くなって、自ずから人生を省《かえり》みる季節になると、万人が心のうちでこの問いかけを始める。しかし、とことん突き詰める前に日常生活に戻ってしまい、今月のノルマのことだとか、資金繰りに翻弄され、元の木阿弥《もくあみ》になってしまうことが多い。その意味では日常生活を突き破らなければ、根源的な問題は掘り下げることはできない。闘病生活という日常生活から断絶された生活は、私に根源的問題に直面するよう強いた。

さて、自分の使命、天命について考えるようになった私に、安岡は、

「高望みをせず、まず足下のことから始め、自分の責任分担で、一隅を照らそうと努力することが大切だよ」

と説いた。それまで私はいつも人と自分を見比べ、早くビッグになりたい、有名になりたい、成功したいと上ばかり見ていたので、安岡の諭《さと》しは身に染みた。そしてやっと足が大地に着いたのだ。

私は命《めい》を自覚し、見事な人生を切り拓いていった人物たちの伝記を書くことによって、人生を取りこぼさなくてすむ叡智《えいち》を明らかにしたいと思うようになった。自分の命が見えてくると、次に「これを実現せずにはおかない！」という意志、つまり強烈な志が立ってくる。

国民教育の父として深い尊敬を受けている森信三《のぶぞう》の、志についての意見は実に明快だ。

「そもそも人間が志を立てるということは、いわばローソクに火を点ずるようなものです。ローソクは火を点けられて初めて光を放ちます。同様にまた人間は、志を立てて初めてその人の真価が現れるのです。志を立てない人間というものは、いかに才能がある人でも、結局は酔生夢死の輩《やから》に過ぎないといえます」(『修身教授録』)

かくして、寝ても醒めてもという奮闘が始まり、絵に描いた餅でしかなかった構想が、具体的形を帯びるようになった――。

そういう経験を持つので、余計私は、「閑想客感は志の立たざるによる」を実感するのだ。

悔いをバネにする

悔《かい》の字はこれ善悪街頭《がいとう》の文字なり。君子は悔いてもって善に遷《うつ》り、小人は悔いてもって悪を逐《お》う。ゆえによろしく立志をもってこれを率《ひき》いるべし。また因循《いんじゅん》の弊《へい》無からんのみ。（『言志耋録』二一一条）

（悔という字は善と悪の境目にある文字である。優れた人は後悔がバネになり、切磋琢《せっさたく》磨《ま》して善に向かう。しかし、つまらない人は悔いてやけになり、悪に堕《だ》していくものだ。だから確固たる志を立て、ぐずぐずするような悪弊から脱却しなければならない）

どんな立派な人も最初から悟り澄ました人はいない。どんな人でも人生の三分の一から半分ぐらいは、「いかに生きるか」という模索に費やされており、三十過ぎてからようやく腰が決まって、自分の目標に向かって邁進《まいしん》するようになる。決して効率よく最初から知らされているのではなく、一見ロスに見えようが、自分で捜し出すまでは放っておかれるのである。

天はきわめて非情のように見えるが、人間の主体性は侵さないという宇宙の大原則があるために、人間は試行錯誤を余儀なくされている。三歳の子どもにも自分の好みがあり、意志がある。干渉されることを極端に嫌う。ましてや成人においてをや、である。

私は人間に天さえも干渉できない自由性を与えているのは、まさに天の愛だと思う。ある場合には気がつくのが遅く、取り返しのつかないこともあるが、大体にして四十歳までには気づき、大車輪で残された人生に立ち向かうことになる。

新渡戸稲造《にとべいなぞう》は、オックスフォード大学のオール・ソウルズ・カレッジの日時計に、次の金言が刻まれていると書いている。

「時間とは消滅するものなり。かくしてその罪はわれらにあり」

人生と同じように、時間も、ひとたび過ぎてしまえば二度と取り返すことはできない。

どんなときでも、目線を下げない

立志は高明を要す。著力《ちゃくりょく》は切実を要す。工夫は精密を要す。期望《きぼう》は遠大を要す。

(『言志耋録』二一六条)

(立志は高く明らかでありたい。努力はぴったり的を得たものでありたい。事に当たっ

ての工夫は緻密でありたい。望むところは遠大でありたい）

新日本製鉄相談役の故武田豊が、日本製鉄に入社したころの話である。武田は原料購買の仕事にまわされた。上司は永野重雄だった。後の新日本製鉄の初代会長となる人である。永野が言った。

「武田君、スクラップの仕事をやってくれないか」

「えっ、スクラップですか。大学出て、新聞の切り抜きをやるんですか？」

と戸惑った武田に、永野は吹き出した。

「君は何も知らないんだな。そうじゃなくてくず鉄のことだよ。スクラップは溶鉱炉から出てきた銑鉄に入れて鋼をつくる大事な原料なんだよ」

武田によると、永野はたかがくず鉄と馬鹿にするなかれ、くず鉄から鉄鋼業のすべてが見えてくるんだと、講義してくれたのだという。

ひと口にスクラップと言っても千差万別だ。鋼材の切れ端、旋盤から出た削りくずなどを見分けて、一級品、二級品と等級をつける。山積みになったスクラップを見て、これは何千トンあるなと見当をつけ、在庫を推定する。

あるいは、成分の分析に入ると、どの程度珪素《けいそ》を含んだスクラップを使えば、製鋼には一番いいのか、フェロアロイを添加すべきか、シリコンはどうかなど、次々と研究課題が出てくる。たかがくず鉄一つの問題がそれに収まり切らず、実に鉄鋼全体の問題にまで発展するのだ。

「武田君、ある程度のことはわかったかい。ただのスクラップ係になるか、それとも日本一のスクラップ係になるか、決めるのは君だ。じゃあ、頑張れよ」

武田は永野の説明に驚いた。スクラップは全体から見れば一部分かもしれないが、一つの部分を究《きわ》めると全体が見えてくるのだ。

「なるほど、絶えず前向きに、問題意識を持つということはこういうことか。腐ってはなんの進歩もないなあ」

社会人一年生の武田は永野から貴重なことを教わった。

昭和二十年（一九四五）、財閥解体で、日本製鉄は八幡製鉄と富士製鉄に分離した。しかし、昭和四十五年（一九七〇）八月、この二社は再び合体して、新日本製鉄となり、初代会長に永野重雄が就任した。武田はその下で専務を務め、副社長、社長と責任が重くなっていった。

「どんな部署にいても、そのときを大事にして生きていく。志は高く持たなければ、目線が下がってしまう。これがぼくのモットーだ」

私は武田の生き方にイギリスの作家ディズレーリの言葉を添えて敬意を表したいと思う。

「成功の秘訣は、自らの直面している問題をマスターすることにある」

第三章

自己を鍛える

1　自己を精錬する

自分を拝む

一箇《こ》の敬《けい》は許多《きょた》の聡明を生ず。（『言志録』一五六条）
（敬《けい》の心は人を聡明にする）

自分を慎み、他の魂に対し、敬し、尊ぶ心をもっていれば、その魂の成長のために手を貸したいと思うのは人情である。魂の成長を一番促進させるものは自信であり、自信を持たせるものは、ほめられることである。

世界的な神経医学の権威であり、大学行政にも腕を振るった元京都大学総長の平澤興《ひらさわこう》は、ほめるということがその人の情熱にいかに火をつけるかを、自分の小学校時代の経験にからめてこう話している。

「秀才にはほど遠い私が今日あるのは、ほかならぬ小学校の担任の先生のお陰です。小学五年生のとき私は新潟県の片田舎の味方村の小学校から、新潟市内の小学校に転校しました。ところが、最初の習字の時間に、担任の先生が私の字を見て大変ほめてくださったのです。

『新潟市の小学校にもこんなにうまい字を書く者はおらんぞ』

先生はそう言いながら、私の字を教室の壁に貼られました。そんなことが私には測り知れない刺激となりました。大切なことは、励ますということです。情熱に火をつけることです」

専門分野において世界的権威でありながら、晩年の平澤は仏教においても深い境地に達していく。だから後進の指導は求道の指導でもあった。例えば、こんな言葉がある。

「自分を拝む。その自分は無限の可能性を持っており、素晴らしい創造力、かけがえのない霊性（心）を持っておる。このように尊い自分である」（『生きよう今日も喜んで』）

自分の霊性に頭を下げる気持ちが、同時に他者の中の霊性にも手を合わせるようになる。

「人間に生まれたことを本当に感謝し、その幸せを喜ぶ。まあ、へまばかりやってきたが、私は私なりに一生懸命に生きてきた。でも自分も苦労したが、他人様《ひとさま》のご苦労もよくわかる。こういうふうに思うようになると、この自分を拝み、他人様も拝むことができるようになる」

「自分を拝むことができなければ、本当に人を拝むことはできない。自分を拝むということは、うぬぼれとも、また自信とも違う」

感謝報恩行はそこから始まるというのだ。

「自ら拝むことは、感謝報恩の前提である」

自尊心とは、人間が身にまとう最も高貴な衣装である。ソクラテスも弟子たちに、「汝自身を敬え」と説いたが、自らを拝むほどに天にも地にも敬虔になった人間は、もはや放縦に身をゆだねることはない。自分は天の器であるべきことに目覚めたからには、精一杯の努力をしようと思う。こうしていよいよ人生は高みに向かっていく——。

自分を拝めば、自然に他者にも手が合わされるようになることの好例が、日本にキリスト教を伝えたフランシスコ・ザビエルだ。ザビエルはポルトガルの高貴な家に育ったが、改心することによって、快楽や名声や栄誉が、その実人間を怠惰にするものであることを知り、それらをかなぐり捨てて、伝道者の道を志した。そしてパリ大学で哲学の講師をしていたときに知り合ったロヨラとイエズス会を結成した。

ザビエルは選ばれてインド宣教に向かった。キリスト教社会では宣教師は地位が高く、船旅も個室が与えられたが、ザビエルは航海中ずっとその部屋を使うことがなく、甲板で暮らした。寝るときはロープの束を枕にし、水夫と共に食事をした。着るものも質素な法衣しか着ず、自ら下座《げざ》に下りたのだ。

誰よりも腰が低いザビエルは、身を粉にして働くことを厭《いと》わなかった。面倒見がよく、水夫仲間から尊敬された。船員の中でも最も身分が低く、肉体労働しかやらせられない水夫たちを、一個の人間として扱ってくれたからだ。

ザビエルと一緒にいれば気持ちが明るくなる――水夫たちはそう言った。ザビエルはしち面倒臭い説教をするわけではないが、彼と共にいれば、何だか真面目になるというのだ。こうしてザビエルはインド宣教を始める前、航海中にすでに成功していたのである。

この例も「敬」が自分を作っていく上での重要な姿勢だと教えてくれる。

敬は自ずから姿勢になって現れる

心に中和《ちゅうわ》を存《そん》すれば、則《すなわ》ち体《たい》自ずから安舒《あんじょ》にして則《すなわ》ち敬《けい》なり。ゆえに、心広く体胖《ゆた》かなるは敬なり。徽柔懿恭《きじゅういきょう》なるは敬なり。申申夭夭《しんしんようよう》たるは敬なり。かの敬を見ること桎梏《しっこく》、徽纏《きてん》のごとくしかる者は、これ贋敬《がんけい》にして真敬《しんけい》にあらず。（『言志後録』二二一条）

（人は心に中和の精神を持つならば、体は自ずからのびのびとしてくる。これが敬である。『大学』に「心を広く持っていれば、体は自ずからゆったりとしてくる」とあるのも、敬《けい》である。『書経』で周の文王のことを、「善にして柔らかく、麗《うるわ》しく恭《うやうや》しい」と言ったのも、敬を心に持つ人の形容である。『論語』で孔子のことを、「ゆったりとされ、にこにこされている」と書いているのも、敬を持つ人の形容である。ところが、この敬を、手かせ足かせをはめられて、縄で縛られたように窮屈に感じるのであれば、これは贋《にせ》の敬であって、真の敬ではない）

岩戸景気で業績のよかった東芝が、昭和三十年代後半になると悪化し始め、昭和三十八年（一九六三）には一割二分にまで減配した。業績悪化は改善されそうもなく、昭和四十年（一九六五）には、とうとう石川島播磨重工業の相談役に退いていた土光《どこう》敏夫を再建のために呼ぶことになった。

土光は石播時代から七時半には出勤する習慣だったので、東芝にも七時半に出勤した。驚いたのは守衛である。のこのこやってきた七十近い老人を呼び止めた。

「どちらさまですか？　業務は九時からですけれど」

「いいえ、あの、私は今日から御社の社長をさせていただきます土光です。よろしく」

これには守衛が驚いた。名門東芝では社長が七時半に出勤することなどなかったのである。

「いや、何もうかがっていなかったもので、失礼しました」

「いえいえ、私も秘書にそう伝えておけばよかったのですが……」

新社長の七時半出勤と、滑稽とも言える守衛とのやり取りはその日のうちに全社に知れ渡った。

澄心こそすべて

澄心――。好きな言葉である。人に対する土光の姿勢は「澄心」という言葉で表せる。土光はどこまでも心を澄まし、虚心坦懐になろうとしていたのだ。

ところで真民さんにそれを想起させてくれるこんな詩がある。真民さんの詩は修辞技巧を凝らした詩というよりも、大宇宙の哲理をわれわれの日常の言葉に置き換えてくれるから、心に響く。私は次の詩をいつも反芻《はんすう》しながら、自分を戒《いまし》めている。

狭くともいい
一すじであれ
どこまでも
掘りさげてゆけ
いつも澄んで
天の一角を

見つめろ
いじけるな
あるがままに
おのれの道を
素直に
一途に
歩け

澄んだ瞳には相手の邪悪な姿は映らない。また邪悪な人も身を慎もうとする。だから相手ではない。自分の姿勢なのだ。

恩怨は小事より起こる

人情の向背《こうはい》は敬と慢《まん》とにあり。施報《せほう》の道もまたゆるがせにすべきに非ず。恩怨《おんえん》はあるいは小事より起こる。慎むべし。（『言志晩録』一五一条）

（人情が自分に向くか、背を向けるかは自分の敬虔な心と傲慢《ごうまん》な心にある。すなわち人を信服すれば人に慕われ、人を侮《あなど》れば人に背かれる。人に恵を施したり、また恩に報いることもゆるがせにしてはいけない。恩や怨みは些細《ささい》なことから起こるのである。十分慎まなければいけない）


西郷隆盛にまつわる話。ある日、鹿児島の田舎道でのことである。鼻緒が切れて困った侍が、たまたま通りかかった野良着姿の、相撲取りのように図体のでかい百姓にすげ替えを命じた。

「ハア、それは難儀でしょう」

と言うと、百姓は腰を折り、自分の手拭いを裂いて、鼻緒をすげ替えた。

後日、島津の殿様の屋敷で、この侍は先日の百姓によく似た侍に遇《あ》った。

「あっ、あのときの……」

恐縮して謝る侍に、西郷は笑いながら言った。

「いやいや、武士が百姓に鼻緒をすげ替えさすっとはごく普通のこと。あんときゃ、わしは百姓しとったわけですから……」

次の話は明治になってからの話。宮中で宴会が催されたときのことである。

宴会が終わって、玄関に出てみると、履いてきた下駄がない。

仕方がないので、西郷は裸足で帰りかけた。門のところに来たら、門番に誰何《すいか》された。

「誰だ！」

「陸軍大将、西郷隆盛である！　怪しい者ではない」

といえば問題はなかったのだろうが、西郷はそれをしなかった。裸足姿を見た門番はますます訝《いぶか》った。ところが、そこに右大臣・岩倉具視が馬車で通りかかり、尋問を受けている西郷を見た。

「西郷さん、何事ですか？」

それを聞いた門番は直立不動になり、非礼を詫びた。西郷はなだめるように、

「いやいや裸足で歩いていたおいどんが悪かった。これからは気をつけもす。許っしゃんせ」

陸軍大将に頭を下げられて、門番はますます恐縮した。

今も根強い西郷人気とは、日ごろのこういう生活態度に支えられているようだ。

人をもてあそべば徳を失う

愛敬《あいけい》の二字は、交際の要道《ようどう》たり。傲視《ごうし》してもって物を凌《しの》ぐことなかれ。侮咲《ぶしょう》して

もって人を調《ちょう》することなかれ。旅獒《りょごう》に、「人を玩《もてあそ》べば徳を喪《うしな》う」とは、真にこれ明戒《めいかい》なり。（『言志晩録』一九八条）

（人を愛することと、自分を慎むことの愛敬《あいけい》の二字は人と交際する上での要《かなめ》となる道である。傲《おご》りたかぶって物を見てはいけない。侮《あなど》り笑って、人をからかってはいけない。『経書』旅獒篇《りょごう》に、「人をもてあそんだら、自分の徳を失う」と言っているのは、立派な戒《いまし》めの言葉である）

ここに引用されている『書経』旅獒篇の言葉とは、次の言葉である。

「人をもてあそべば徳を喪《うしな》い、物をもてあそべば志を喪う」

目上の人、あるいは自分に利益をもたらす人だけに謹厳実直にし、目下の人、あるいは利益にならない人に対していいかげんであれば、いつしか自分の徳が失われる。また、物を浪費したり粗雑に扱えば、自分の節操がなくなってしまうというのだ。

思い当たることがいくつもある。

例えば、戦後われわれは、アメリカ流の使い捨て文化を取り入れた。補修し再生して使うよりも、使い捨てにしたほうが手間ひまが省け、経済効率がよく、ひいては経済を活性化させると言われ、そうしてきた。

その結果、われわれは物を浪費するようになり、経済効率などの数字だけを問題にするようになった。ところが、気づかないうちに、われわれは物から逆襲され、最も大切なはずの人間性をスポイルされてしまったのだ。

考えてみれば、使い捨てというのはアメリカ式消費文化の発想であって、ヨーロッパはまるでそうでない。靴や洋服、自動車や家電製品、家屋に至るまで、修理、再生を基本とし、それだけの年限に耐えるだけの素材を使っている。ドイツ車やスウェーデン車はモデルチェンジが少なく、堅牢な車体づくりをしているというのも、基本姿勢がそうだからだ。

私はヒッピーのころ、一年ほどドイツに住んでいたことがある。そのとき驚いたのは、ガベッジ・ハンティングというものがあったことだ。ガベッジ・ハンティングとは家具や電気器具などの大物ゴミを回収日の早朝物色して歩き、これはと思うものは拾ってくることだ。自分でソファの布を張り替えたり、家具を塗り替えて使う。それを恥ずかしがることもなく、自慢話にしているのを見て、われわれは使い捨て文化によって、大切なものを失いつつあると、いたく反省させられたものだ。

独りを慎む

居敬《きょけい》の功は、もっとも慎独《しんどく》にあり。人あるをもってこれを敬しなば、則ち人なきとき、敬せざらん。人なきとき、自ら敬すれば、則ち人あるとき、尤《もっと》も敬す。ゆえに古人の「屋漏《おくろう》にも愧《は》じず。闇室《あんしつ》をも欺《あざむ》かず」とは、みな慎独をいうなり。

（『言志耋録』九一条）

（常に敬慎の心を持つには、独りでいるときに道に外れないようにすることだ。人がいるから慎むという人は、人がいなくなると慎まなくなりがちだ。人がいないときに慎むようならば、人がいるときにはいっそう慎むだろう。

『詩経』大雅篇に、「人のいない隠微《いんび》なところにいても良心に恥じることはしない」とある。程子《ていし》も「学は闇室《あんしつ》を欺《あざむ》かずに始まる」と説いている。これらはいずれも、人のいないところ、見えないところにあっても、敬慎を持して独り慎むべきことが緊要であることを説いている）

屋漏《おくろう》とは部屋の北西の隅で、家の中の最も暗いところを指す。また、「屋漏にも愧《は》じず。闇室をも欺か」ない慎独《しんどく》について、『易経《えききょう》』坤卦《こんけ》文言伝はこういう。

「君子は敬をもって内に直《なお》くし、義をもって外《ほか》を方《ほう》にす。敬義立ちて徳、孤《こ》ならず」(優れた人物は慎みをもって心の中を真っ直ぐにし、義理の道をもって外に対する行動を方正にする。敬と義が立つと、徳は孤立することがない)

江戸初期の儒学者、山崎闇斎《あんさい》の号はここに由来する。

ダーウィンの優勝劣敗による自然淘汰《とうた》説という進化論に対し、今西錦司は独自のフィールド・ワークから、種は共存し、棲《す》み分けているという「棲み分け理論」を発表した。この棲み分け理論はその後さらに発展して、個体よりも種全体を重視し、「種は共存・共生し、環境に適応するために、絶えず自分の社会をつくり変えることで、新しい種に変わっていく」という今西進化論となった。

この今西、晩年はサルの研究に打ち込み、双眼境により幸島《こうじま》のサルの徹底的な個体識別を行い、行動を観察して、サルの社会にも社会秩序や文化があることを明らかにして、学会に強いショックを与えた。その後、幸島や高崎山でサルの餌づけに成功し、すべてのサルに名前をつけるなどして、サル学(霊長類学)の基礎を築いた。これが根幹となって、生物学でも人類学でもない、独自の自然学を形成していく。

ナンバーワンのサルとナンバーツーのサルの違い

だから今西のリーダー論はユニークである。人間のリーダーのあり方を考える際にも、サル社会のそれを踏まえている。

例えば、今西が調べた高崎山の六百頭のサルの群には六頭のリーダーと十頭のサブリーダーがいた。その集団指導で秩序が保たれているのだが、リーダーとサブリーダーの間には厳然とした壁があり、その順位を間違える者はいない。

例えば、餌場でナンバーツーの足元にミカンを転がしてみる。ナンバーツーはそれを食べない。しかし、ナンバーワンがいるところでは絶対それをしない。ナンバーワンはのっそりと近づき、ミカンを取って自分の場所に戻って食べ始める。

そうした絶対的権力をもつリーダーだが、群を危険から護《まも》るためには、身を挺する。野犬に立ち向かうのもリーダーの務めだ。群から離れて単独生活をしている雄ザルは、発情期になると群に近寄ってくる。そうすると、リーダーが集まって撃退するかというとそうではなく、ナンバーワンが出ていって立ち向かう。そのため、大けがをすることだってあるという。

今西によると、腕力だけを考えれば、サブリーダーの中に、ナンバーワンを凌《しの》ぐものもいる。では、なぜそういうサルがトップになれないか。観察の結果はサル仲間での人気だった。腕力だけではトップになれないのだという。

その事実を踏まえて、今西は人間のリーダーシップは、次の三つにあると結論する。
一、人間的魅力
二、覚悟
三、洞察力
今西自身に説明させよう。

「人間的魅力ちゅうのは、ちょっと大げさにいうと、その人のためなら命を捨ててもいいと思わせる力やね。その資質が生まれつきという面が強いのに対し、覚悟というのは自ら作っていくもんや。サルもトップは、相手がどんな強敵でも後ろは見せません。動揺せんというのは、強い使命感を持っているからや。

そして最後の洞察力。これも生まれつきが大部分やけど、ボクは過剰な意識から解放されようと努めれば、洞察力はついてくると思う」（『続有訓無訓』）

つまり、これを『言志四録』的に解釈すると、

「独りを慎む」

「屋漏《おくろう》にも愧《は》じず。闇室《あんしつ》をも欺《あざむ》かず」

という修養が、人間を最も醜くしている自己愛を克服させ、その人の人間的魅力が増し、洞察力が深まっていくということになる。

また今西が、洞察力をつけるためには、過剰な意識から解放されることが必要だと説いているのは興味深い。浅い川はとかく騒がしい。人間力は寡黙の中で培われる。瞑想は宝の山を掘り当てる方法なのだ。

2　至誠天に通ず

至誠で練り上げられた人格の力

蓄《たくわ》うること厚《あつ》ければ発すること遠し。誠の物を動かすは、慎独より始まる。（『言志録』一五二条）

（誠がたくさん蓄《たくわ》えられていれば、遠くまで顕《あら》われる。誠が物を動かすのは、独りを慎むところから出ている）

明治二十七年（一八九四）、広瀬宰平《さいへい》総理事のワンマン経営に反発する理事の反乱に端を発した住友争議は、当時、住友の最大の稼ぎ頭だった新居浜の別子銅山にも飛び火し、一般職員から坑夫までを巻き込むようになった。

加えて、別子銅山はその煙害に伴う住民の騒擾《そうじょう》と結びついて、形勢は悪化し、舵取りを誤れば、創業以来二五〇年になるという住友が転覆しかねない様相になってきた。伊庭貞剛《いばていごう》は住友の支配人として大阪本社を離れることはできなかったが、広瀬総理事は彼を別子銅山に派遣して、騒擾を鎮める以外にないと判断、同年二月、四国行きを命じたのである。

日ごろから伊庭が師事していた峨山《がざん》老師は、決死の覚悟で四国に渡ろうとしている伊庭に、一冊の書物を手渡した。見れば『臨済録《りんざいろく》』と書いてある。峨山老師は読むべきところと読まなくてもよいところをいちいち区別し、読まなくてもいいところはこよりをひねって閉じてくれていた。

広瀬総理事の甥が別子大改革のためにやって来たというので、全山いきり立って伊庭を迎えた。まもなく歓迎の宴が開かれたが、殺気だった酒宴では酔うべくもなく、職員の中には伊庭の前にずかずかと出て、

「支配人、山の宴会は大阪と違って、ちと手荒いぜ。この燭台がいつも飛ぶんだからな」

と吼《ほ》える者もいた。伊庭が来たからには、今にも大首切りが始まるぞと誰もがびくびくして

いたが、伊庭はいっこうに首切りをしようとしなかった。ただ新居浜と別子銅山との間を往復しながら、疑心暗鬼の職員や坑夫の不信を解こうとして努力した。夜になると、静かに『臨済録』をひもといて読んだ。

その場、その場で主人公になる

そうして明治二十八年（一八九五）の師走のことである。

別子銅山の接待館に来ていた伊庭は、鉄壁のような禅門の大難関をぶち破ろうとして、一心不乱に『臨済録』を読んでいたが、どうしても突き返されて手も足も出なかった。西川正次郎の『幽翁』はそのくだりをこう描写している。

「粉雪を捲いて吹きつのる風に、寒さはいよいよ烈しく室を襲い、夜の更くるにつれ、五体は氷のように冷えとおるばかりで、なんの了当するところもなく、さすがの翁（伊庭貞剛）も力尽き、神《しん》疲れて、果ては茫々焉《えん》として、気息もまた絶えんとするが如くであった。

ねむったか、ねむっていぬのか。覚めているか、覚めてないのか。寒灯のひかり、空しく明滅するいくとき、翁は、はっとわれに返った。その刹那《せつな》、忽然《こつぜん》として〝あるもの〟が、電光の如く奔《はし》って、翁を躍《おど》り起たしめた。『これだっ』と翁はおもわず号呼した。

翁はそれ以来、実に愉快でたまらなかった。四辺がにわかに夜の明けたようにあかるくなり、身うちには、いきいきとした力が漲《みなぎ》ってくるのを感じた。いままで胸中に鬱屈《うっくつ》していた大疑団が、一時に解け、心の底まですっかり霽《は》れ渡った」

伊庭は不動の心をつかみ、物腰はすっかりやわらかくなったのだ。

新居浜から鉱山へ、鉱山から新居浜へ、わらじばきでてくてく歩く伊庭の姿が見られた。鉱山では東延《とうなる》の坑内はもちろん、遠く離れた弟地坑《おとぢこう》にまで出向き、坑夫と語り合った。

途中、役方や坑夫に出会うと、

「やあ、ご苦労さん」

といちいち挨拶した。しかもそれが口先だけの挨拶ではなく、坑夫たちの激しい労働を見ての心からのねぎらいの言葉だった。

伊庭の至誠は次第しだいに人々の心を溶かし、全山の動揺も収まっていった。

伝記作家の小島直記《なおき》は、このとき伊庭の心が発見したのは、「随処《ずいしょ》に主となれば、立処皆真《りっしょみなしん》なり」だったのではないかと確信する。澄んだ心、不動の心、至誠の心に至りさえすれば、相手の疑心暗鬼の心に引っ張り回されることなく、どこに遣わされようとも、行った先々で真実が広がっていく——。あのとき、伊庭は『臨済録』でそのことを悟り、混乱した会社経営の中でそれを実践したのだ。

後年、一代の名総理事と言われるまでになった伊庭貞剛にぞっこん参り、伊庭と出処進退を共にした河上謹一は、伊庭をこう評している。

「人格の力というものはまことに不思議なものだ。世間の中には知恵でいかず、腕でもいかず、手のつけようもないことがあるけれども、そういう場合には、これを救うのは、ただ人格の力以外にない」

至誠のしからしむるところを見る思いがする。

この心、一点のわだかまりもなし

胸臆虚明《きょうおくきょめい》なれば、神光《しんこう》四発す。（『言志録』一六一条）

（心にわだかまりがなければ、その人の精神の霊光が四方に輝く）

人々が一目も二目も置いている人には、人生に対する姿勢で学ぶべきものが多くある。

人は誰でも仕事をして社会参加しているものだが、これらの人々は自分を掘り下げること（修行）と日常の仕事とが乖離《かいり》していない。日常の仕事がそのまま自分を磨き深化させていく方法となっている。画家の東山魁夷《ひがしやまかいい》の人生は私たちに多くのことを教えてくれる。

東山は周知のように、添景人物のない静謐《せいひつ》な風景に自己の内面を託して描いた澄んだ画風で知られており、現代における風景画に新局面を開いた人である。現在でこそ知らない人はいない国民的画家だが、この人にももちろん無名の時代があった。

東山を一躍有名にしたのは、昭和二十二年（一九四七）、三十九歳のとき、第三回日展で特選を受賞した「残照」である。このころ、東山は画業でも実生活でもどん底にあった。終戦直後、誰もかれも食べるのが必死の時代、もちろん東山も明日食う米がなく、これ以上落ちようのないところまで落ちていた。そこに相次いで母と弟を亡くして、経済的苦しみに精神的苦しみが加わったのである。

生きる力を求めてさすらう東山が行き着いたところは千葉県の鹿野山《かのさん》だった。

気がつくともう時間は夕暮れに近い。山裾《やますそ》の屋根は澄んだ大気の中にゆったりと伸びており、それが幾重ものひだになって、また遠くの山並みにつながっていく。茶褐色の山肌は夕映えに彩られて淡紅色から紫色へと時々刻々と変化していく。その色彩の明暗は、意気消沈してたたずんでいる東山と呼吸を合わせているかのようにそっと息づき、柔らかくゆったり包んでいた。

深い安堵を感じさせる淡い色彩のドラマに、東山はいつしかわれを忘れて見入っていた。自分がどうであれ、変わることなく温かく包んでくれる大自然。清々《せいせい》として生きて躍動している大自然。それはいつしか「生きている！」という実感に変わり、身震いするような感動となって、「これを描こう！」と奮い立たせた。

取るものも取りあえずスケッチに入った東山は眼前の光景に、いつか信州で見た山々も描き込んでいった。「残照」に描かれた山々は落暉《らっき》に照らし出された鹿野山の風景ではなく、「生きている」ことを実感した東山の心象風景だったのだ。

その波動は日展の審査員にも伝わり、特選に選ばれた。これが東山に自信を与え、続いて昭和二十五年（一九五〇）、第六回日展で「道」が特選を獲得した。長い苦悩と模索のトンネルからようやく抜け出したのだった。

自己を精進させる「行」

東山は言う。

「いい絵を描こうと思って旅しても、自然はちっともいい表情は見せてくれない。そうではなく、無心になって自然の中の生命の現れを感じ取るとき、素晴らしい表情を見せてくれるものです。

別な表現でいえば、自然と自分とは根が同じだと感じられるようになったとき、囚《とら》われていた自我から解放されて自然と一体になれるような気がします」

絵画にしても音楽にしても、オリジナリティが大切にされる。だから芸術家は自分の持ち味、個性をとても大切にする。往々にして芸術家は自己主張が強いものだが、東山は個性について全然別な言い方をする。

「一見、逆説のように聞こえますが、むしろ自分を意識しないとき個性は現れるのではないでしょうか。自己の主張を強く押し出すといいますが、果たしてそれが本当に自分を認識しているのか、疑問に思うこともあります。個性は自分が認識しているものではないところに現れているように思います。

個性と自己主張とは同じものではありません。私の絵には自己主張の迫力というものはあまり現れていません。でも、自分が受けた感動を素直に表していくと、そこに自分の本当のものが現れているのではないかという気がします」

自分と客体との一体感こそが芸術の出発点ではないかというのだ。清明な東山の絵は、大自然の命と切り離して考えることはできない。東山においても画業は修行と直結しているのである。

一般に商売人と芸術家は違うと思われる。商売人はモノを売ってお金をもらう。一方芸術家は至高至純な思いで創作活動を営んでいるという。が、果たして商売と芸術は違うのだろうか。私はそうは思わない。

商売も芸術も同じである。自分が作り出す商品に至誠のすべてを注ぎ込もうと努力し、お客様に真心の限りで接しようとするとき、仕事は自分を精進させてくれる「行」になる。商売が自分を深化させ磨いていく菩薩行となる。

東山が絵を描くことで自分を純化させているように、われわれもまた自分の生業に打ち込むとき、生業は求道の方法に変わっていくのだ。

背骨を立てれば精神は自ずから決まる

われ読書静坐《せいざ》をとって打して一片となさんと欲し、よって自らこれを試みぬ。経《けい》を読むときは、寧静端坐《ねいせいたんざ》し、巻《かん》を披《ひら》きて目を渉《しょう》し、一事一理必ずこれを心に求むるに、乃《すなわ》ちよくこれと黙契《もっけい》し、恍《こう》として自得するあり。この際、真にこれ無欲にして、則ちこれ主静《しゅせい》なり。必ずしも一日各半《いちじつかくはん》の工夫をなさず。（『言志晩録』七四条）

（昔、朱子は「半日静坐、半日読書」と言ったが、私は読書と静坐を合わせて一度にやれないものかと工夫してみた。経書を読むとき、静かに端坐して書物を読み、そこに書かれている一つの事柄、一つの道理を心で反芻《はんすう》すると、無言のうちに心と書物が交わって了解し、心が解けてよく納得できる。このときは真に無欲であり、静になり切っている。だから半日読書、半日静坐ということをしなくてもよい)

古来から禅でも儒教でも座ること、調息することを修行の要にしてきたのは、何か意味があるに違いない。静座の方法は、いろいろな人々が説いているが、ここでは森信三も推奨している岡田虎二郎の静座法によって解説する。

一、座り方は両足の土踏まずを深く重ね合わせるようにして座る。座禅のとき座布団を尻の下に敷くのと同じで、そのほうが腰の座りがよくなる。またしびれにくい。

二、尻はぐっと後ろに引き、反対に腰骨をできるだけ前に突き出す。姿勢を正し、首をまっすぐに立てる。鼻、へそ、丹田が縦に一直線に並ぶようにする。手は軽くこぶしを握り、それぞれの膝の上に自然に置く。

三、目は半眼に開き、見るでもなく、見ないでもなく、膝の前三十センチメートルの所に落とす。

四、口は軽く閉じ、あごを引き、肩と上半身からすっかり力を抜いて、腰に預けてしまう。

五、呼吸は呼気、吸気とも細く長くが基本だ。呼気を吐くときも細く長く吐き、肺の中の空気を最後まですっかり吐き尽くして、フッと力を抜き、反転して吸気に入る。

六、吸気は大地の精気を足の裏から吸い上げ、その力が全身に漲《みなぎ》っていくことを思い描く。ていねいに吐いて吸い、また吐いて吸うというふうにくり返し、自分の存在すべてがただ呼吸だけになったように、呼吸に専念する。
七、やがて呼吸が落ち着くとともに、心の扉が開き、天地の命が漲ってくる。自分が大自然と一致し、おおらかになっていく。
八、毎日三十分ぐらい行い、精神を澄ませ、敬虔《けいけん》な気持ちを作っていく。
静座は形から入る修業方法だが、現代人には形から入ることにいささか抵抗があると思うので、森信三の説明を引用しておこう。
「どうして昔からそんなに腰骨を立てることが重んじられたかと申しますと、われわれ人間というものは、体をシャンと立てていますと、心も自然にしっかりしてくるからです。横になっていて、『自分もなんとかしてシャンとした人間になりたいものだ――』などと考えているより、まず起き上がって体をシャンと立て、とくに背骨を真っ直ぐに立てれば、心も自然にシャンとしてくるのであります」(『立腰教育入門』)
森信三の言う立腰教育とは、座っていても椅子に腰掛けていても、あるいは立っていてもつねに腰骨を立てるということで、岡田式静座法を発展させたものと言えよう。森信三は静座や立腰の効用は、人生において一番大事なこと、すなわち決心したことは石にしがみついてでもやり抜くようになるし、他人に尽くすことを心がけるようになることだという。

誠は才識に転化される

人心《じんしん》の霊なるは太陽の如くしかり。ただ克伐怨欲《こくばつえんよく》、雲霧《うんむ》の如く四塞《しそく》すれば、この霊いずくにかある。ゆえに、誠意の工夫は、雲霧を掃《はら》いて白日《はくじつ》を仰ぐより先《せん》なるはなし。およそ学をなすの要《よう》は、これよりして基《もとい》を起こす。ゆえに曰く「誠は物の終始なり」と。(『言志耋録』六六条、『南洲手抄言志録』九〇条)

(人の心が霊明なのは、ちょうど太陽に似ている。ただ、克《こく》〈人に勝ちたがること〉、伐《ばつ》〈自慢したがること〉、怨《おん》〈怒り恨むこと〉、欲〈むさぼり欲しがること〉の四悪徳が起こると、ちょうど雲や霧が起こって太陽が見えなくなるように、この心霊がどこにあるかわからなくなってしまう。だから誠意をもって向上に努め、この雲霧《うんむ》を払いのけて、太陽、すなわち心の霊光を仰ぎ見ることが大切だ。およそ学ぶことの要《かなめ》は、誠意の上にものごとの基礎を築くべきことを知るところにある。『中庸』章句二十五章にも、「一切は誠に始まり、誠に終わる。誠は一切の根源であり、誠がなければ、そこにはなにもあ

り得ない」と説いている。「誠ならざれば、物なし」は、まことに千古の箴言《しんげん》である）

孔子は門人の原憲《げんけん》の問いに答えて、克・伐・怨・欲を克服することが仁に至る道だと説いたが、きわめて難しい問題でもあることも率直に認めている。あらためて、克（人に勝ちたがること）、伐（自慢したがること）、怨（怒り恨むこと）、欲（むさぼり欲しがること）の四悪徳を日々克服していけるよう自覚したい。

平時の修練こそ大事だとする考えでは、西郷隆盛に傾聴すべき言葉がある。

「平日道を蹈《ふ》まざる人は、事に臨みて狼狽し、処分のできぬものなり。例えば近隣に出火あらんに、平生処分ある者は動揺せずして、取仕末《とりしまつ》もよくできるなり。平日処分なき者は、ただ狼狽して、なかなか取仕末どころにはこれなきぞ。それも同じにて、平生道を蹈みおる者に非ざれば、事に臨みて策はできぬものなり』（『西郷南洲遺訓』三三条）

（かねて道を踏み行わない人は、事が起きたときに、あわてふためき、どうしてよいかわからなくなる。例えば近所に火事があった場合、かねてそういうときの心構えができている人は、少しも動揺することなく、てきぱきと対応することができる。しかし日ごろそういう準備ができていない人は、うろたえてしまい、対応するどころの騒ぎではなくなってしまう。それと同じで、かねて道を踏み行っている人でなければ、事に臨んで立派な対応はできないものだ）

再び、『西郷南洲遺訓』から引用するが、西郷が「至誠」についてどういう考えをもっていたかうかがうことができる。

「今の人、才職あれば事業は心次第に成されるものと思えども、才に任せて為すことは危くして見ておられぬものぞ。体ありてこそ用は行わるるなり。肥後の長岡先生のごとき君子は、今は似たる人をも見ることならぬようになりたりとて嘆息なされ、古語を書いて授けらる。『それ天下、誠に非ざれば動かず、才に非ざれば治まらず。誠の至る者、その動くや速し。才の周《あま》ねき者、その治むるや広し。才と誠と合し、しかる後、事を成すべし』」（三九条）

（今の世の中は才覚さえあれば、どんな事業も思いのままにできると思っているが、才に任せてすることは危なっかしくて見ておられない。しっかりした内容があってこそ、ものごとは立派に行われるものだ。肥後（熊本）の長岡監物《けんもつ》先生は、今は立派な人物に似た人すら見ることができなくなったと言って嘆かれ、昔の人の言葉を書いて与えられた。

「世の中のことは、誠がないかぎり動かすことはできない。才能と見識がなければ治めることはできない。誠に徹すると、動きも速い。才識が普《あまね》く行き渡っていると、その治めるところも広い。才識と誠とがいっしょになったとき、すべてのことは立派に仕上がるものだ」）

西郷が一目置いていた長岡監物とは、西郷と同時代の人で、幕末の肥後熊本の家老である。長岡らは熊本の藩校・時習館の学風が訓詁注釈《くんこちゅうしゃく》の旧風に堕しているのに反発して、経世有用の実学を主張して集い、『近思録』の会読を始めた。同志は下津休也、横井小楠《しょうなん》、萩角兵衛、元田永孚《ながざね》らである。これが熊本実学党の始まりであるが、学問的には熊本の大儒・大塚退野《たいや》の流れも汲んでいる。

3　徳は必ず隣あり

忙しいと言うのは禁句だ

今人《きんじん》おおむね口に多忙《たぼう》を説けども、そのなすところを視《み》るに、実事《じつじ》を整頓《せいとん》すること、十に一、二にして、閑事《かんじ》を料理《りょうり》すること、十に八、九なり。また閑時を認めて実事となす。宜《むべ》なり、その多忙なるや。志ある者、誤ってこの窠《か》を踏むなかれ。

（『言志録』三一条）

（近頃の人は口癖のように、ああ忙しいと言っている。でもなすところを見ると、実際必要なことをしているのは十中、一、二にすぎない。つまらない仕事が十中、八、九だ。このつまらない仕事を必要な仕事と思っているのだから、忙しいのも当然だ。本当に事をなそうと思う者は、こんな穴に入り込んではならない）

実事（実際必要な事）と閑事（むだな事）を見誤ってはならないという一斎の処世訓の一つ。一斎が美濃岩村藩の重臣に与えた「重職心得箇条十七条」にも、これに類する戒めがある。「重職たる者、勤め向き繁多という口上は恥ずべきことなり。たとえせわしくとも、せわしと言わぬがよきなり（後略）」（第八）

（重職たる者は忙しいと言うべきではない。たとえどんなに忙しくても、忙しいと口に出して言わないほうがいい）

ここで一斎は、重職の多忙の多くは権限を部下に委譲することができない自己愛からきていると手厳しい。

実事か閑事かを見分けることは実に大切なことで、大所高所に立った判断力は、例えば受験勉強でも大いに必要とされる。その学科の中で重要なことは何か、何がキーポイントかを見極めなかったら、すべてをまんべんなくやらざるを得ないことになる。

「あの人は実に手際よく仕事をさばくなあ」

と感じられる人は、実はこうした大所高所に立った判断、実事か閑事かを見分ける判断が優れた人とも言える。こうした迅速な判断はポストが上になればなるほど多く必要とされる。経営者は判断する人であると言っても過言ではない。就任したその日から懸案が持ち込まれ、判断を仰がれる。何が本質的な問題か、何がそうでないかを見極めていれば、慌てることはない。

仕事ができる人のところには、ますます仕事が集中し、できない人のところにはますます仕事は来ない。あの人は忙しすぎて物理的に時間がないのではないかという人ほど、部下への仕事の割り振りがうまく、締め切りまでにキチッと仕上げてくるものだ。

頭脳は怜悧で、背中は暖かい

面《おもて》は冷《れい》ならんことを欲し、背は煖《だん》ならんことを欲し、胸は虚《きょ》ならんことを欲し、腹は実《じつ》ならんことを欲す。（『言志録』一九条）

（頭脳は冷静で正しい判断ができるようでありたい。背中は暖かく、人を動かすだけの熱気を持っていたい。また虚心坦懐《きょしんたんかい》にして、人を容《い》れるだけの広さを持ちたい。肚《はら》は据《すわ》っていても、ものごとに動じないものでありたい）

ものごとに動じないとは、随処に主となっている状態である。ところが多くの場合、自分の中に主体性が確立されていないため、人の目を気にしていることが案外多い。西郷隆盛にこういう逸話がある。

明治六年（一八七三）、西郷は陸軍大将兼参議に任じられた。

あるとき、西郷が若い士官たちとともに、坂を登っていた。陸軍大将だからいかめしい軍服をつけている。ふと見ると、その坂を一人の車引きが汗水流しながら荷車を引いていた。坂が急なため、車引きは難儀している。すると、西郷は手に唾して、

「どれ、おいどんが押しもそ」

と、車の後押しを始めたのだ。慌てたのは士官たちである。

「閣下、陸軍大将の軍服を着て、車の後押しでは、人に笑われます」

ところが、西郷は笑って言った。

「馬鹿たれ、そんな了見だから、お前はんたちはつまらんと。人を相手にせず、天を相手にするっとじゃ」

このように、人柄は温厚で、人を容《い》れる度量があり、肚《はら》は据っていたものである。『論語』は、優れた人物は温然として親しみやすく、傍《かたわ》らにいると、自然に心が怠らず、道義に敏感になるというが、角のとれた柔和な人間になりたいものである。

言葉は両刃の剣だ

天地間の霊妙《れいみょう》なるもの、人の言語に如《し》くものなし。禽獣《きんじゅう》の如きはただに声音ありて、わずかに意嚮《いこう》を通ずるのみ。ただ人は則《すなわ》ち言語ありて、分明《ぶんめい》に情意を宣達《せんたつ》し、また抒《の》べてもって文辞《ぶんじ》となさば、則ちもってこれを遠方に伝え、後世に詔《つ》ぐべし。一になんぞ霊なるや。(『言志後録』一〇条)

(天地の間で、不可思議なものは、人の言葉以上のものはない。鳥獣はただ音声を発し、意思を通じるだけだ。ところが人間は言葉を持っており、自分の感情や意思を述べ伝えることができる。また文章にすれば、遠方に送って伝えたり、後世の人々にも告げ知らせることができる。なんと不思議なことではないか)

一斎はこう述べて、人間が言語をもっていることのありがたさを説く。そしてそこから、霊妙なるがゆえに、言葉は両刃の剣であり、禍の元にもなると強調する。

「ただかくの如くこれ霊なり。故にその禍階《かかい》を構え、釁端《きんたん》をなすもまた言語にあり。例えばな

お利剣《りけん》のよく身を護《まも》るものは、則ちまた自ら傷つくるがごとし。慎まざるべけんや」（同条）

（ただこのように不可思議であるものの、禍のきざはしを開いたり、争いの端緒を作ったりするのも言葉だ。例えば、よく切れる剣は身を護るものではあるが、誤まれば容易に自分の体を傷つけるものである。だから、言葉は慎まなければいけない）

一斎ならではの日常生活の警句である。

人の上に立つ者の「選良」と「責任」意識

人間は万物の霊長といわれる。いわば万物世界の頂点に立つ者である。頂点に立つ者には頂点に立つ者としての責任がある。

私はかつて、イートン校やラグビー校など、イギリスのパブリックスクールを取材したことがある。蔦《つた》がからまり何百年も建っている古色蒼然とした石造りのキャンパスを、燕尾服《えんびふく》をなびかせた生徒たちが闊歩《かっぽ》している。教師も、例えばジェームス・ヒルトンの『チップス先生、さようなら』に出てくるようなガウン姿で、私は由緒あるイートン校の教師です」という顔をして歩いている。

構内にあるチャペルには、トラファルガーの海戦でネルソン提督が用いたという旗が飾られたりして、自分たちは歴史上の人物になるべく運命づけられているんだというような自覚がもてるように演出されている。事実、すべてが「国家のエリート」を育て上げるべく配慮されている。

しかし、エリートとはそれに付随する責任を全うしてこそ初めてエリートだという教育も徹底していた。選良と責任。これが明確になるとき、「上に立つ者としての自覚」が形成されてくる。鼻持ちならないエリート意識をもつエリートではなく、頼れるエリートを育てようとしているのだ。

フランスもまた、いっそう徹底した少数エリート教育の国である。それらの学校を取材したとき、エリート教育のいい面を発見してうれしかったことを覚えている。

上に立つ者にはそれ相応の責任もついてまわる。人間が万物の霊長だとすると、自分が稼ぐことだけではなく、万物の長、あるいは地球環境の長としての務めも忘れてはならない。

春風の心を持つ人に人はなびく

春風《しゅんぷう》をもって人に接し、秋霜《しゅうそう》をもって自らを粛《つつし》む。（『言志後録』三三条）

（春風《しゅんぷう》の暖かさをもって人に接し、秋霜《しゅうそう》の厳しさをもって自分の身を慎む）

『言志後録』の有名な語句である。『イソップ物語』の「北風と太陽」の「人は北風より太陽に心を開くものだ」という話にも通じるものである。この言葉は知ってはいても、なかなか実行できないことの一つである。

仕事の遂行を先に考えればじれったくて実行できないが、「人を生かす」ことになによりも価値をおけば、怒りたい自分を抑え、まず相手のペースに合わせることができる。そのようにして、人の信頼を勝ち得たほうが、結局は仕事もはかどるものだ。

先日、朝日新聞の「天声人語」欄に、「最近、感動した、子どもがふともらした〝ひと言〟は?」という記事が載っていた。小学校三年生までの子どもが対象だ。その中に、こういう言葉があった。

「やさしいママに会いたいの」

二歳の男の子の言葉だという。受け入れてくれるママが一番良いというのだ。これを見てもわかるように、人間は基本的に変わっていない。暖かい春風にはなびき、冷たい秋霜には背を向ける。その性情を理解せずに、いたずらに厳しく接しても、子どもは逃げていくばかりである。

しかし、この人にはどんなことがあってもついていこうと決意したならば、どんなに厳しく注意されようと、へこたれることなく受け止める。要は、自分と相手の関係がどこまでになっているかを見極めないと、元も子もなくしてしまうことになる。

ついでに八歳の男の子の俳句（川柳？）も紹介しよう。

夏休みセミよりうるさい母の声

ついつい笑ってしまう。こういう人は職場の中にもいる。「セミよりうるさい」人と言われないためには、人望を培う以外になさそうだ。

次に紹介するのは、兵庫県八鹿《ようか》小学校の井上和昌《かずまさ》教諭の話である。

ある日の放課後、やんちゃ坊主のKが「忘れ物をしたから取りに来た」と言って入って来た。前担任から、問題児として引き継いでいたわがままで自己中心的な子である。筆箱を取って帰ろうとするKを、

「まあそんなに急いで帰らんでもいいやろ。先生と話をしよう」

と引き止めた。家庭のことを聞いているうち、Kが

「先生、ぼくは勉強が大嫌いや」

と言う。

「どうしてだ？」

と訊ねると、

「テストの点が悪いので、いつもおかあちゃんに叱られる。だから勉強は嫌いや」

と言う。勉強、勉強と追い立てられ、成績が悪いと叱られたら、誰だって勉強は嫌いになると同情せざるを得なかった。

その翌日のことである。クラスで席替えがあり、息の合う子や仲良しと隣り合わせに座ることになった。するとKが
「ぼくは先生が好きやで、先生と並ぶ！」

と井上の右腕に飛びついてきたのだ。先生の机の横、みんなを見渡すような位置に座るなどとは前代未聞だったが、井上は（Kのわがままをしばらく許してやろう）と、みんなの許可を求めた。みんなは（しようのない奴！）と諦め顔でOKした。黒板を背に、みんなの方を向いて座ったKは満足そうだった。

受け入れられた！　という思いがKを満たすと、わがままで自己中心的な行動は次第に陰を潜めるようになり、本来の素直なKが表に現れるようになった。受け入れられているという思いがあると、人間は素直になるのだ。

Kの話は私たちの社会生活にも参考になる。部下を掌握しようするとき、自分は相手を受け

入れているかどうか自問するのが基本だ。そういえば、安岡正篤は、「自反《じはん》、つまり自分に反《かえ》ることがすべての出発点だ」と説いていた。

顕による者は晦を見ず

晦《かい》におる者はよく顕《けん》を見、顕による者は晦を見ず。（『言志後録』六四条、『南洲手抄言志録』一二七条）

（暗いところにいる者は、明るいところにいる者をよく見ることができるが、明るいところにいる者は暗いところにいる者の気持ちを解することはできない）

「電力の鬼」と異名をとった松永安左ヱ門が、人間にいぶし銀の魅力をつける契機になるものとして、「浪人生活」「闘病生活」「投獄生活」を挙げている。倒産したり、左遷《させん》されたり、不遇に陥る。あるいは大病にかかり、生死の境をさまよう。また司直《しちょく》にお縄を頂戴して臭い飯を食う。いずれも絶体絶命の立場に立たされることによって、人間は甘え心が削ぎ落とされ、真に自立するようになるというのだ。また、自分自身が日の当たらない暗い場所に落ちてみて、初めてそういう人々の心境を理解することができ、人間の幅が広がっていくことを言っている。

第一章で西郷隆盛の敬天愛人の思想のことを語った。

私は敬天愛人の思想が形をなすようになったのは沖永良部《おきのえらぶ》島の遠島時代だったと思うが、それ以前の奄美大島流刑中の三年間の経験は、この思想のベースとなっている。

薩摩藩にとって、砂糖の原料になるサトウキビはたいへんな財源だった。そのため、栽培に適している奄美諸島には他の作物は一切作らせず、ただサトウキビだけを作らせ、収穫物は厳しい監視下においた。農民たちには自由は与えられず、ただただサトウキビ栽培だけの日々だった。西郷は遠島中、鹿児島からマクロ的な目で眺めていたときには見えなかった、農民たちの悲惨な現実に初めて接したのだ。

「顕による者は晦を見ず」とはよく言ったもので、西郷はショックだった。民百姓によかれと思ってなされているはずの藩政が、末端にあってはひどい搾取以外のなにものでもなかったのだ。罪人の身でありながら、西郷はやむにやまれず、いくつかの糖政改革を申し出ているほどである。

こうした経験をしているから、再び中央に帰って明治維新を遂行し、政府の顕官になっても豪奢な生活はしようとしなかった。西郷にまつわるさまざまな逸話はそのことを今に伝えている。『西郷南洲遺訓』の次の言葉は、上に立つ者が道徳の手本とならなければ、国家は維持していくことができないという叱責でもある。

「上に立つ者、下に臨みて利を争い、義を忘るるときは、下みなこれに倣《なら》い、人心たちまち財利に趨《はし》り、卑吝《ひりん》の情日々長じ、節義廉恥《れんち》の志操を失い、父子兄弟《けいてい》の間も銭財を争い、相讐《しゅうし》視するに至るなり。かくの如くなり行かば、何をもって国家を維持すべきぞ」（一六条）

（上に立つ者が下に対して利益のみを争い求め、正義を忘れるとき、下の者もまたこれにならうようになって、みな利財に奔走するようになる。卑しくけちな思いが日々増長し、節義廉恥の操を失うようになる。親子兄弟の間も財産を争い、互いに敵視するようになる。こうなったら、何をもって国を維持することができようか）

最近は政治家や経営者の不祥事が相次いでいるが、それらの人に共通することは、「上に立つ者」としての社会的道義的責任感が希薄なことである。衆に隠れて不正な蓄財をするなど、恥と知るべきである。

運は不愧《ふき》の人の肩を持つ

不苟《ふこう》の字、もって過《か》を寡《すくな》くすべし。不愧《ふき》の字、もって咎《きゅう》に遠ざかるべし。（『言志

後録』一一二条)

(事をなすのに一時の間に合わせ的にしなければ、失敗することは少なくなる。俯仰《ふぎょう》天地に恥じないという姿勢でやれば、人から咎《とが》めを受けることはない)

おもしろいことに、偉人と言われた人々は、決まって自分には天賦《てんぷ》の才があるなどとは信じていない。むしろ彼らは人並み以上の勤勉と集中力によって、所期の目的を達成している。彼らは一様に、目的を達せずにはおかない粘り、持続力を持っており、内的情熱を燃やし続けている。

万有引力の発見で知られるアイザック・ニュートンは、疑いもなく最高の知性を備えた人であった。彼は万有引力以外にも、光学、重力、天文学の分野で多くの輝かしい発見を成し遂げてきた。ところが、ニュートンは、成功の秘訣を尋ねられたとき、こう答えている。

「いつも、四六時中、寝ても覚めても、ただひたすらそのことばかりを考え続けていたからです」

ひたすら集中、そして骨身を惜しまぬ努力が、ニュートンをニュートンたらしめたと言える。同じことは、ミケランジェロにも当てはまる。ミケランジェロは同時代の誰よりも長い時間をアトリエで過ごした人だった。彼ほどに「刻苦勉励」の四文字にふさわしい人はないだろうと思われるくらいだ。ほとんど一日中制作に携わっていて、食事のことすら眼中になかった。パンとグラス一杯のワイン、それも仕事を続けながら食べるという具合。寝るのも同じで、疲れ果てれば服を着たまま眠り、目が覚めるとすぐノミを取り、仕事の続きに取りかかった。それだけ集中していたから、怠惰な心も動き出す時間がなかったと言えよう。幸運は勤勉な人の肩を持つ。誠心誠意の人は、天からも人からも祝福されるのだ。

司馬遼太郎と歴史意識

先日、シンガポールに講演に行った折、講演の後、主催者の一人との会話の中で、最近日本の新聞紙上を賑わしている国会議員の素行が話題となった。その主催者は以前ジャカルタ支店でビジネス活動をしており、袖の下が横行するビジネス慣習にうんざりしたそうだが、日本の政治家を指して、「政治の世界は相変わらずインドネシア並みですな」と笑った。権力者による口利きやそれに対する見返りが当然のことのように要求される社会は、モラルが低い社会である。人間から「俯仰天地に恥じず」という意識が欠落すると、自分の存在に対する誇りが失せ、いつしか凛《りん》とした気概が消えて、自分の利益のためにうごめくようになってしまうのだ。

ところで戦後、人々は多大な犠牲を強いた戦争を憎むあまり、戦前的なものを一切拒否した。それが高じて病的なほどに自虐的になり、民族の歴史をも否定した。その社会風潮に輪をかけたのが進歩的文化人と呼ばれた人種で、唯物史観によって民族の良さをも否定した。それによって日本人は民族の心を窒息させ、自尊心を奪い去られた。日本は高度成長期を迎え、経済的には繁栄していったものの、精神は萎縮し、生き方に自信が持てなかった。それら自信喪失した親たちによって育てられた子どもたちが、無軌道な野獣と化していったのは当然だった。

そうした時代風潮の中で、私は司馬遼太郎が果たした役割は大きかったと思う。司馬遼太郎は面と向かってイデオロギー論争をしなかった。それよりも自分が専門とする小説の世界で、颯爽《さっそう》と生きる主人公たちの哀歓を描いて読者を魅了した。そして地の文で、さりげなく歴史的事実を開陳し、日本は実は誇り高き歴史と豊かな精神的土壌を持っていることを説いた。こうして人々の中に歴史意識を育てていったのだ。

『竜馬がゆく』を読んで血湧き肉躍らせ、主人公と一体化して国家を一視の下に睥睨《へいげい》し、肩で風を切って歩いたのは筆者一人ではあるまい。あるいは海軍軍人秋山好古・真之兄弟と正岡子規を主人公として、勃興期の明治を描いた『坂の上の雲』を読みながら、明治という時代への認識を変えられた人は多い。

また、司馬遼太郎は小説の概念を変えたともいえる。小林秀雄は「小説とは小人の説」と言ったが、なぜか日本では二葉亭四迷、夏目漱石から、芥川龍之介、谷崎潤一郎、川端康成に至るまで、小説は四畳半の私事を扱ったものが多かった。鍵穴から息子の嫁の裸体を覗き見てほくそえんでいる変態老人を描いて悦に入っていたのだ。ところが司馬遼太郎は、国の行く末を視座に入れて、「自分は何を貢献できるか」を模索し、それにいのちを賭けた男たちを描いた。だからみんな、本物の男になりたいと思ったのだ。

人間、歴史意識を忘れてしまうと、小人になりさがってしまう。痩《や》せても枯れても、私は誰それだと誇りをもって言える気概を忘れないようにしたいものである。

快事は人に譲り、苦事は自分に回す

人と事を共にするに、かれは快事《かいじ》を担《にな》い、われは苦事《くじ》に任《にん》ぜば、事は苦なりといえども、意は則ち快なり。われは快事を担い、かれは苦事に任ぜば、事は快なりといえども、意は則ち苦なり。（『言志晩録』二四三条）

（人と共に仕事をする場合、人には楽しい仕事を担当させ、自分は面倒な仕事を担当すれば、仕事そのものは苦しいだろうが、心は晴々《はればれ》する。自分が楽しい仕事をし、彼が面倒な仕事をすれば、仕事はスムーズに片づくだろうが、心は苦しい）

私たちは目先の利益にとらわれて、自分はやさしい仕事を取り、人に面倒な仕事をまわしがちである。それが一般的な人間の、ごくふつうの行動パターンである。しかし、相手と自分の関係という面から見ると、信頼や尊敬の気持ちは消えてゆき、ビジネスライクな関係だけになっていく。

一斎はそれを問題にした。普通の人間関係でいいのならそれでもいいのだが、それを一歩超えて「あの人は信じられる」と言われるようになるのには、相手の信頼を得るような行為をしなければならない。自分が先に汗を流し、血を流すようなことをして初めて、人は信用するようになる。これは人間関係を築いていく際の基本である。

『言志晩録』のこの条は改めて日々のあり方について考えさせる。

働き盛りの夫が、ある事故によって植物人間になってしまった婦人がいる。彼女は夫を看病し、家計を支えるために、スナックを始めた。親戚や知人は、夜の商売なんてとんでもないと反対したが、昼間夫の看病をする時間を取るためには、そうするしかなかった。時には友だちとコーヒータイムを持ちたいと思っただろう。温泉旅行にも行きたかっただろう。でも、そんな時間は持てなかった。親身な看病にもかかわらず、夫は十年経った今でも、寝たきりの植物人間である。不運な人生というしかない。ところがその婦人はその状況に感謝すらして、こう言うのだ。

「夫の看病を通して、悲しみを通してしか見えない世界があることを知りました。このことがなければ、私は人々の笑い顔の背後にある苦しみや痛みを知ることがない、カタワな人間になっていたと思います」

その婦人は不運ともいえる状況を通して、大きな世界を摑《つか》んだのだ。それは私に相田みつをの次のような詩を想起させた。

むかしの人の詩にありました

　君看《み》よ双眼のいろ
　語らざれば憂い無きに似たり

憂いがないのではありません
悲しみがないのでもありません
語らないだけなんです
語れないほどふかい憂いだからです
語れないほど重い悲しみだからです

人にいくら説明したって
全くわかってもらえないから
語ることをやめて
じっと　こらえているんです

文字にもことばにも
到底表わせない
ふかい憂いを
おもいかなしみを
こころの底ふかく
ずっしりしずめて
じっと黙っているから
まなこが澄んでくるのです

澄んだ眼の底にある

ふかい憂いのわかる人間になろう
重いかなしみの見える眼を持とう

君看よ双眼のいろ
語らざれば憂い無きに似たり
語らざれば憂い
無きに似たり

相田みつをは悲しみにじっと耐えているから、まなこが澄んでくるのだという。私はその婦人の澄んだ瞳を見たとき、私の全部を無条件で受け入れられたような懐の深さを感じた。「俺について来い！」と叫ぶだけの猛将は、この包容力は持たない。リーダーシップとは包容力の別の謂《いい》ではないだろうか。

二宮尊徳の「報徳教」の真髄

口舌《こうぜつ》をもって諭《さと》す者は、人従うことを肯《がえん》ぜず。躬行《きゅうこう》をもって率《ひき》いる者は、人効《なら》うてこれに従う。道徳をもって化する者は、則ち人自然に服従して痕跡《こんせき》を見ず。

(『言志耋録』一二五条)

(口先で諭《さと》そうとしても、人は決して服しない。自ら実践すれば、人はならってついてくる。さらに道徳をもって感化するなら、人は自然に服従する)

二宮尊徳が小田原藩家老・服部家の財政建て直しで功績を上げたことから、小田原に登用され、名主役格を授かった三十六歳ごろのことである。藩主の分家の宇津家が野州桜町(現栃木県)に四千石の領地を持っていた。しかし、四千石とは名ばかりで、家際は荒れ放題、どうすることもできなかった。そこで尊徳に財政建て直しが命じられた。尊徳は家屋敷を売り払い、背水の決意で桜町に移り住んだ。

行ってみると、村々は予想以上の荒れ方である。村人の夜遊び、博打《ばくち》、喧嘩などは、枚挙にいとまがなかった。人心のすさみは家々にも道路にも畑にも現れていた。

そこで尊徳は深夜、もしくは未明、黙って村々を巡回した。怠惰を戒めようというのではない。朝寝を問いただすのでもない。可否を問うのでもない。ただ自らの務めとして、寒暑風雨にかかわらず、領地を黙って巡回したのである。

初めは村人は、足音を聞いて驚いたり、怪しんだりしたが、道々すれ違う折、だんだん人柄が知れるようになり、尊敬を示すようになった。こうして桜町の復興は徐々に効果を上げてきたものの、一部にはまだ反対する者もいて、尊徳の誠意もなかなか通じないでいた。

そこで尊徳は一大決心をして、成田不動にこもり、二十一日間の断食祈願に入った。尊徳、四十三歳の時のことである。それまでの尊徳はどちらかと言えば、義に立ち、義を行わんとする義の人であった。しかし、それでは相手への押しつけになってしまう。相手を変えようと思えば息苦しくなって逃げてしまう。よかれと思ってすることも、おせっかいと受け取られてしまう。

断食祈願中、尊徳は大きなことを悟らされ、まず相手をあるがままに受け入れようという心境に変わっていった。人に義を求める前に、まず自分が愛に立って愛を行う、愛の人でなければならないと思うようになった。

そのころ、村では尊徳の行方不明を案じ、方々を探していた。そしてやっとのことで、成田不動で断食祈願をしていることを知った。村人は驚いた。尊徳のやり方はそれまでの役人のやり方とはまるで違っていたのだ。これまでの村役人は博打《ばくち》うちをしょっぴいて、見せしめに懲《こ》らしめたものだが、尊徳は自分の身を打って、自ら神仏に詫びていたのだ。

村から成田山に迎えに行こうということになった。みんなが、おれも行かせてくれ、おれも行きたいと言い出し、結局百二十五名にふくれ上がった。こうして満願の日、尊徳は村人全部に迎えられたのだ。

それから以後はみんなが身を入れて働くようになり、予定の十年を迎えるころには、桜町は見事に復興していた。藩主の大久保忠真は尊徳のやり方に感心し、

「汝の道は徳をもって徳に報いるものである」

とほめたたえた。尊徳の教えが「報徳教」と言われるのは、これ以後のことである。

第四章

人生、二度なし！

1 自己を確立する

寒風の中で育った個性には間違いがない

士はまさに己れに在るものを恃《たの》むべし。動天驚地極大の事業も、またすべて一己《いっこ》より締造《ていぞう》す。(『言志録』一一九条)

(およそ偉丈夫《いじょうふ》たる者は、自分自身にあるものを頼むべきで、他人の知恵、財力を頼みにしては何もできない。天を動かし、地を驚かすような大事業も、すべて自分一人から割り出されるものである)

最後、頼れるものは自分しかいないというギリギリの決意。これほど人間に自立心を与えるものはない。甘え心やもたれ心が払拭されて、絶対の主体が立ち、凜乎《りんこ》とした人格が生まれてくる。

一時代を風靡《ふうび》した『清貧の思想』の作者、中野孝次は、割に早い年齢で大学教授を辞め、作家になっている。その理由を、大学教授は週二回ぐらいの講義ですむから楽だし、給料はいいが、堕落すると思ったと語っている。

「ぼくが欲したのは温室ではなく、寒い風が吹き抜けていく戸外でした。失敗すれば食えなくなる。この緊張感がぼくには必要だと思いました」

ぬくぬくとしたポストを捨てて、頼みの綱となる自分の感性を大事にする。『清貧の思想』の作家ならではの行為である。

オリックスは昭和三十九年（一九六四）、銀行や商社の出資で設立されたリース会社である。ここに三和銀行から代表権のある副社長として派遣されたのが、元会長の乾《いぬい》恒雄だ。

乾は日本ではまだ目新しいリース業を成功・定着させるためにはどうしたらいいかと、新会社に移る前から考えた。その結論は、乾自身が三和銀行をすっぱり辞めて、新会社一本に賭けるというものだった。新会社の目鼻がついてから出身会社を退職するのが普通だが、乾はそうしなかった。お陰で給料は半分以下になってしまったが、自分の気持ちの中に背水の陣を敷いたのだ。

いざという場合は持っていた山も売り払おうと決意していた。乾以下のそうした不退転の決意が、早くも六年後の昭和四十五年（一九七〇）春には東京証券取引所に株式を上場するまでになった。

「株式上場したのも、早く独立したいという願いからでした。資金援助をいつまでも親会社に頼っていたくなかったのです。自分の足で立ってこそ一人前だし、独立自尊の気概はそこからしか生まれてきません」

と語る乾の気持ちを最も的確に表現しているのは、『言志録』の前述の言葉だろう。

私は若いころ、ロッククライミングをやっていた。夏や冬は北アルプスへ出かけ、槍ケ岳や鹿島槍《やり》に登っていた。何が魅力的だったかというと、山頂を極めたときの爽快感以上に、岩に張りついているときの、誰にも頼れないギリギリの緊張感だった。泣いても叫んでも、誰も助けることができない。自分でルートを切り拓いて克服していく以外にないのだ。

後になってヨットをやり出したが、これにも一脈通じるものがあった。ヨットで大海原に乗り出すと、泣いても笑っても頼りになるのは、自分の力だけだ。まったく陸地が見えなくなってコンパスだけで走るとき、読み間違ったらとんでもないことになる。嵐に遭ってしまい、それと格闘しながら母港を目指すとき、一歩間違ったら死ぬかもしれないという局面に、何度も出くわした。登山にしろ、セーリングにしろ、大自然に面と向かい合ったスポーツは、驕《おご》ることができない。人間の非力さをいやというほどに知らされる。そのうえで、頼れるものは自分しかいないという自覚が植えつけられるのだ。

スポーツはさまざまな人生哲学を教えてくれるいい道場だ。学生時代はスポーツに打ち込むことによって、人生への基本的態度を身につけるのもいいのではなかろうか。

独立自尊の精神を育てた札幌農学校

寛懐《かんかい》にして俗情《ぞくじょう》に忤《さから》わざるは和なり。立脚して俗情に墜《お》ちざるは介《かい》なり。（『言志後録』一一一条）

（ゆったりとした心持ちで、普通の人々の考えにあえて逆らわないのが和である。自己の立場を守り、俗情に落ちないのが独立の気概である）

後に国際連盟の初代事務次長に就任し、海のものとも山のものともつかなかった国際連盟を実質的な国際調停機関に育て上げていった新渡戸稲造《にとべいなぞう》が、第一高等学校の校長をしていたころ、毎週一回、倫理講座を持っていた。

新渡戸はバンカラで鳴らしていた一高に、いたずらに大言壮語するのではなくて、バランスのとれたジェントルマンシップの風を呼び込もうとした。毎週一回の倫理講座はそういう思いの新渡戸にとっては大切なものであり、生徒たちも心待ちにするようになった。

あるとき、新渡戸は一斎の『言志後録』から、前述の条を引いて話した。

「世の中には自分の考えと違う人もいれば、虫の好かない人もいる。だからといって、そういう人々を軽蔑し、排斥し、敵と見なすことは間違っています。そうではなく、寛大な心をもって、自分と異なる思想の人とも付き合っていくことが、和です。平和は寛容の心があるところに成立します。


しかしながら、いつも人の言うことに左右されて、ああでもない、こうでもないと考えるのも間違っています。自分はここに立脚している！　と毅然《きぜん》とした態度をもって独立の気概を示さなければいけません。そうでなければ、社会の健全性は保てないのです。


マルティン・ルターがウォルムスの会議で、ドイツ皇帝や諸侯から、

『お前の主張を撤回せよ。そうでなければ、お前に対する法律上の保護は取り消す。ひと晩ゆっくり考えて回答せよ』

と迫られたときのことです。翌日、再び会議の席に引っ張り出されたルターは、『聖書』の上に手を置いて、こう言いました。

『私は「聖書」に立脚します。私はこれ以外には立脚しません』

ルターの宗教改革はここからスタートするのだが、この独立の気概なくして、歴史的な出来事は成就されません。〝和〟と〝介〟、つまり、平和と独立が健全な社会を維持していくために

は必要なことです」

欧米で高等教育を受け、西欧の古典しか知らないと思われていた新渡戸が、『言志四録』も読んでいたとは驚きだ。不巧の名著となった『武士道』を英語で書き、世界に日本精神を知らしめた最初の人物である新渡戸は、ただの西洋かぶれではなかったのだ。

"タガ"が頭の隅にあるうちはまだ半人前

実はこの話は、一高で新渡戸の薫陶《くんとう》を受けた矢内原《やないはら》忠雄が、昭和二十七年（一九五二）五月三日、出身校の兵庫県立神戸高校の創立五十六周年記念日に招かれて、「自由と独立の精神」と題して講演したとき、紹介したものである。

神戸高校は前身を旧制神戸中学、神戸第一中学といい、札幌農学校の二期生として新渡戸稲造と同窓だった鶴崎久米一（旧姓村岡）が校長として就任している。鶴崎は札幌農学校で受けた精神を神戸中学に植えつけようと、「質実剛健」に加えて、「自重自治《じちょう》」（自らを重んじ、自らを治める）を校訓として定めた。当時の校訓に「質実剛健」というのは多いが、「自重自治」というのは珍しい。鶴崎が「自重自治」を重んじたのにはわけがある。

明治九年（一八七六）、札幌農学校に赴任したS・クラークが、二十四名の全校生徒を集めて訓示した。

「この札幌農学校にはきわめて細かい規則があり、それが諸君の一挙手一投足を縛っている。外出したら何時までに帰校しなければいけないとか、消灯は何時だとか、細目に至るまで決められている。その規則の一つひとつは非難すべき点はまったくないが、新しく私が主宰する札幌農学校としては、それらの一切を廃止する。今後、諸君に望むことはただ一つ、『Be gentleman.（紳士たれ）』である。ジェントルマンは定められた規則を守るものだが、それは規則だから守るのではない。自分の良心に従って行動するのだ。すべて自己の判断に従って行動してよろしい」

クラークが持ち込んだピューリタンの教育は、鶴崎にも鮮烈な印象を残し、鶴崎は神戸中学で「自重自治」の標語を掲げることにした。以後、札幌農学校の精神は神戸中学にも移植され、幾多の人材を世に送り出していくことになる。

矢内原も鶴崎の教育を受けた一人だが、独立自尊の精神は矢内原の生涯を貫き、東京大学助教授のころ、書いた論文が検閲に引っかかり問題になったとき、自説を曲げず、退官して貫き通した。

戦後、矢内原は戦中の軍部の弾圧に屈しなかった不屈の人として脚光を浴び、東大教授に復活し、ついに総長にまでなるのだが、この日の神戸高校での講演を、こういう言葉で締めくくっている。

「この〝和〟と〝介〟、すなわち平和と独立ということは、人間個人の生きていく道であり、同時に世界の諸民族の生きていく道であります。いかなる民族も敵視せず、相手の立場を認めて、和らいでいく。しかし、他の民族におもねって、何らかの物質的な利益を得ようという態度であるべきではない。民族としての独立の気概を忘れてはならないのです」

甘え心を去る

一燈を提《さ》げて暗夜《あんや》を行く。暗夜を憂《うれ》うることなかれ。ただ一燈を頼め。（『言志晩録』一三条、『南洲手抄言志録』五四条）

（一つの灯火《ともしび》を下げて暗夜《あんや》を行く。暗夜を心配することはいらない。ただ自分が下げている灯火をこそ信頼せよ）

これは『言志四録』の中で、私が一番好きな条である。

人は人生の初めに、どういう価値観のもとで、どういう人生を形成しようかと悩む。青春の模索の時期だ。そのとき、多くの先人の書物に触れ、思索がいっそう深まるものである。そうしたとき、自分がおぼろげに考えていたことに、すでに何十年、何百年も前に気づき、明確に書いている先人に出会うと感動し、共感し、自分の人生に対する姿勢がいよいよ明確になってくる。

闇夜を手さぐりして進むような不安な気持ちでいたのに、自分の行く手を照らすのみでなく、その価値観を貫き通し、見事な人生を築き上げている先人に出会ったとき、「わが意を得たり」とばかり、激しい共感に打たれるものだ。

われわれはどうしても自分を甘やかす気持ちがある。一回しかない自分の人生を、確たる信条も目標も定めないで、漠然とした期待感だけで過ごしている。そんなわれわれに対して、一斎は、

「甘えを去れ。おめでたさを去れ。環境や体制や上司のことをとやかく言うのではなく、ただただ自分自身を掘り下げろ。そこからすべては始まるのだ――」

と叱っていたのだ。

釈尊の弟子・阿難《あなん》が、釈尊の最期が間近いことを知って、嘆き悲しんで訴えた。

「私はこの先、誰を頼ったらいいのでしょうか」

すると釈尊は答えた。

「阿難よ、自分自身を信頼せよ。これからはお前を灯《ともしび》とし、お前を拠《よ》り所とするのだ。誰にも

頼ってはならない。また、真理を灯《ともしび》とし、真理を拠り所とせよ」

ただただ自分という存在の重さに気づかされるではないか。

人間がどう行動したか、その心理や事跡、紆余曲折《うよきょくせつ》を歴史に見るほど参考になるものはない。

『十八史略』は『史記』『漢書』など正史十八種を初学者用に摘録したもので、中国史に興味をもつ者は必ず目を通すものだが、人間学の本としてもおもしろい。

この中に、趙《ちょう》の大臣・平原君《へいげんくん》が食客の毛遂《もうすい》にこう言ったことが書かれている。

「士の世に処《お》るは、錐《きり》の嚢中《のうちゅう》に処るがごとし」

（無名のすぐれた人物というものは、袋の中の錐《きり》のようなもので、いつかは穂先が突き出て、才能が現れ、見出されるものだ）

他日を期して自己を掘り下げていけば、必ずそういうときが来る。その確信がまたその人物を不動の者に育て上げていくのである。

自分を深く掘る縦の工夫

心理はこれ竪《たて》の工夫、博覧はこれ横の工夫、竪の工夫は則ち深入自得《しんにゅうじとく》し、横の工

夫はすなわち浅易汎濫《せんいはんらん》す。（『言志晩録』六三条、『南洲手抄言志録』六五条）

（内面的に深く掘り下げていくこと、これは縦の工夫であり、広く知識を得ること、これは横の工夫である。縦の工夫は深く入っていって自らを鍛えることになるが、横の工夫は浅くて自分のものとはならず、こぼれ出てしまいやすい）

書物を読み、知識の量を増やすだけでは、人生は好転しない。

知識は人生そのものを推進させていく胆識《たんしき》にまで成長して初めて意味をなすものである。一斎はこの条で、縦の工夫を怠ると人生を取りこぼしてしまうぞと忠告している。昌平黌にあって全国から集うあまたの秀才を見ていただけに、忠告せざるを得なかったのだ。この縦の工夫こそ、今日、人間学と呼ばれるものである。

さて自分を内面的に深めていく縦の工夫として、死生観を考えてみたい。

宗教には死後にも人生があると説く人もあるが、われわれが身内や友人の死によって実感しているのは、「絶対の断絶感」「永遠の遮断《しゃだん》」である。そしてこれはいかなる人にもまわってくるものであり、泣いてもわめいても避けることはできない。その絶対の断絶感の前では、「死んでからどうなるのか」などと考えることすら虚《むな》しいものである。

しかし、誰にも避けられない、そして予測できない死であるからこそ、自分にも必ず死が訪れるのだと自覚するとき、「生」は逆に輝かしいものとなり、もはや取りこぼすことのできない貴重なものとなる。

天には棄物《きぶつ》はない。すべてを虚無に葬り去ってしまうように見える死ですらも、それぞれに与えられている生を、だからこそ最高に生き抜けという励ましに見える。

人間はそれぞれ使命を与えられ、天からこの地上に派遣されてきている、と私は解釈している。与えられている時間内に、課せられた課題を成就できるかどうかと思うと、死はむしろ私を励ましてくれる。

「しっかりしろ。そんなことで約束が果たせるのか」

私は「寝ている時間すら惜しい」と研究に没頭している人と出会い、打ち込むということはこういうことか、と激しく感動したことがあるが、まさに自分が召命された意味に目覚めた人にとって、人生における時間とはそういうものであろう。

イギリスの思想家で経済学者のジョン・スチュワート・ミルは、臨終の際にもらしたという。

"My work is done."（私のすることは終わった）

人間、燃え尽きて、死に臨んでこんなことを言えたら最高だと思う。

真の自分をもって、仮の自分を克服する

真の己れをもって仮の己れに克《か》つは、天理なり。身の我《わ》れをもって心の我れを害するは人欲なり。（『言志耋録』四〇条、『南洲手抄言志録』八二条）

（自分には真の自分と仮の自分があって、真の自分をもって仮の自分を克服するのが、天理である。これに反し、狭い自我意識が精神の欲求を疎外してしまうのを、人欲に負けるという）

同じく、真の自分、仮の自分のことを書いた条が、『言志録』一二二条にあるので参照し、真己《しんこ》、仮己《かこ》の概念で一斎が何を言おうとしているか探ってみよう。

「本然《ほんぜん》の真己あり。軀殻《くかく》の仮己あり。須《すべか》らく自ら認め得んことを要すべし」

（人間には善悪を判断できる本来の自分と、体に拘束された仮の自分とがある。このように自己が二つあることを認めて、仮の自分のために真の自分を駄目にしてはならない）

自分の中の何が真己であり、何が仮己であるかを自覚し、仮己を克服して真己を発現させるよう努力していかなければならない。その自覚が薄いとき、一流の雑誌や新聞ですらも売らん

がために、情欲に迎合するようなページを設けることになる。

経営者は、「生きていくためには妥協も必要さ」と笑いとばしているものの、本心では自分の弱さと妥協していることを、誰よりも自分が一番よく知っている。妥協していることを自覚しているときは、まだいい。怖いのはそのうち、妥協していることすらわからなくなっていくことだ。文化の爛熟と堕落はそうして起きてゆき、自分たちがその一端を担いでいることを知らない。

真己、仮己について、ガンジーは別な表現でこう言っている。

「天なる音楽はたえずわれわれ自身の中に流れているが、それは感覚器官を介してわれわれに聞こえるあらゆるものと異なり、またそれらよりもはるかに勝《すぐ》れている。その優雅な『天の音楽』を騒々しい感覚器官はかき消してしまうのである』（『自叙伝』）

ここで重要なのは、あるときは真己、あるときは仮己と使い分けることはできないことだ。自分の肉欲に妥協しその欲望を満たす生活をすると、しだいに真己は見えなくなっていく。ガンジーの表現を借りれば、肉体の騒々しい感覚器官は天の音楽を聞くことができなくなってしまうのだ。

それはちょうど自然食主義者が肉を口にすると繊細な感覚が乱れてしまうというのと似ている。克己しなければならないのは、天の音楽を聞くことができる自分になるためなのである。

数少ないが、ガンジーが残していった著作はわれわれを限りなく啓発してくれる。おそらくガンジーはますます大きな存在となっていくのではなかろうか。ガンジーの著作からもう一箇所引いておこう。

「生きとし生けるものと一体になるには、『自己浄化』が不可欠である。自己浄化の伴わないアヒンサー（博愛）の理法の遵守《じゅんしゅ》は、うつろな夢に留まるに違いない。純真な人でなければ神を認識することはできない。浄化は、はなはだ伝染度の高いものであるから、自己を浄化すれば、必ず自己の周囲を浄化することになる」（前掲書）

「自己浄化」も「仮己の克服」の別な表現にほかならない。歴史に残るほどに人々から尊崇され、われわれをも励ましてくれる偉大な人々は、日々の努力にこのことを欠いていないことを心に銘記しておきたい。

本物の人間の魅力を養う

有りて無き者は人なり。無くして有る者もまた人なり。（『言志耋録』一八二条）

（世の中にたくさんの人はいるが、いないのは人物だ。しかしまた、いないようでいる

のも人物である）

人物はいかにしてできるのか。いかなる人が敬服せざるを得ない立派な人物になり、いかなる人が凡庸な人物になるのだろうか。私はその人の志のある、なしが大きな分かれ目になると考えている。二度と返ってこない貴重な時を平々凡々と過ごしてしまうか、それともこつこつ努力するかは、目的意識がはっきりしているかどうかにかかわっている。

このことについて大いに啓発されたのが、森信三だ。森は「人生二度なしという自覚を魂に透徹させることだ」と言う。

これの世の再びなしといふことをいのちに透《とお》り知る人なし

では、そうするためにはどうしたらよいか。

私は坐禅や静坐、瞑想、内観を通して、「絶対の世界」に対峙することだと思う。部屋の灯りを消し、星明かりや月明かりを導き入れ、その下で座するとき、いつしか日常の波動から解放されて、悠久なる世界に参入する。すると、人の目や評価や噂話が気にならなくなり、「神と自分だけが存在する」世界が展開する。その中で人生に立ち向かうある種の覚悟ができていく。

心を清浄にしてくれる瞑想の重要性を説くと、ヨーガが説いているように、宇宙エネルギー(プラナ)を取り込むというような不可思議なことを勧めていると思う人もあるようだ。私はその効用を否定しないが、瞑想すると、それに加えて自分の甘えが削ぎ落とされていくのだ。人間が真に独立独歩できるためには、絶対の世界に対峙することが必要だと思う。

ところで私は、覚悟とは鉄砲における引き金のようなものではないかと思う。鉄砲は弾丸や火薬を詰めても、引き金を引かなかったら、弾が発射することはない。同じように人間は、どんなに高等教育を受けても一流会社に就職したとしても、

「一度しかない貴重な人生を取りこぼすものか」

という深く期するものがないときは、有利な条件も嚙《か》み合わず、ザルに水を注ぐような結果になってしまう。ことそれほどに、人生に立ち向かう覚悟が果たす役割というものは大きい。

人間には「みんなで渡れば怖くない」という群集心理がある。物陰に隠れ、匿名《とくめい》でいようとする。その方が安心だからだ。しかし、その一方では、「その他大勢の一人ではありたくない」と、自己の絶対性を主張するものがあり、自己実現を図ろうとする。坐禅、静坐、瞑想、内観を実習すると、後者の「自己の絶対性」が育《はぐく》まれるのだ。

ところで、『修身教授録』には、はっとさせられる箇所が多い。元々は昭和十四年、天王寺

師範の学生たちに語られたものなので、非常に平易な文章で綴られているが、人生の真理を抉《えぐ》り出すような鋭さがある。私は秋の夜長、書物を読みながら、自己と対話し、思索を深めるのだが、『修身教授録』はそうした役割を果たしてくれる格好な読み物だ。

その中に、「国家の全運命を自分独自の持ち場のハンドルを通して動かさずんばやまぬという一大決心」をするという一節がある。

私はこの文章を読んだとき、心が凍り付いてしまった。森信三は「国家の全運命を自分独自の持ち場のハンドルを通して動かさずんばやまぬという一大決心」をして、日常の生活に臨んでいるのだ。

翻《ひるがえ》って自分はどうか。答えはノーだ。私はその他大勢の一人であることに甘んじており、人の陰に隠れていて、それほどの覚悟をしていない。

まだまだ甘い、甘いのだ。覚悟ができていない人間が突然メジャーになり、国家の命運を託されたとしても、国家は混乱するばかりだ。だから、逆に言えば、国家の命運を決するような場には立たされないのだ。

国家社会が混乱すればするほど、深く沈潜し、全てを背負う覚悟を固める必要がある。泣き言はいわない。人のせいにしない。問題はそこから解けていく。ここでもまた、坐禅、静坐、瞑想、内観が重要になる。これらのものは肚《はら》を作るのに欠かせないものなのだ。

2　学問を修める

その水を拾え！

学者にて書を読むを嗜《たしな》まざる者あれば、これを督《とく》して精を励まし書を読ましめ、大《おお》いに書を読むに耽《ふけ》る者あれば、これに教えて静坐して自省せしむ。これ則ち、症《やまい》に対してこれを補瀉《ほしゃ》するのみ。（『言志後録』八三条）

（学問をする者で、もし書物を読むことを好まない者があれば、督励《とくれい》し書物を一所懸命読むようにさせる。もし読書に耽っている者あれば、静座自省するよう教える。これは病に対して補血薬を投じたり、下剤を与えたりするのと同じである）

読書と静坐・自省は一つのものの両面であって、相働いて心境が進む。従って、一つに偏《かたよ》るということはよくない。

岡山に曹源寺という、藩主・池田家の菩提寺がある。ここに儀山《ぎざん》という高僧が住んでいた。

明治の初めごろのことである。ある日、修行中の僧・宜牧《ぎぼく》が手桶《ておけ》の水を捨てたのを見て、儀山が怒鳴った。

「その水を拾え！」

これには宜牧が狼狽《ろうばい》した。捨てた水をどうやって拾えというのか。

禅宗では悟道のために与える問題を公案というが、宜牧には幾日たっても解けなかった。そんな宜牧に対して、儀山は言った。

「思考を捨てよ。一滴の水をも拝む心が尊いのだ。お前のあの日の仕種《しぐさ》にはその気持ちが見えなかった」

知識の森に迷い込もうとしていた宜牧を、儀山はこう形で導いたのだ。

後に宜牧は京都の天龍寺の管長にまでなるが、このときの師の教えは身に染みたらしく、号を滴水《てきすい》と名乗っている。剣と禅によって新境地を開いた山岡鉄舟も、この滴水に参禅し、最後の仕上げをしている。

『言志後録』四六条を見ると、一斎は、実学、行動だけでもいけないと説いている。

「実学の人、志はすなわち美なり。然れども往往にして読書を禁ず。これまた噎《えっ》によりて食《じき》を廃するなり」

（実際に役に立つことを行動によって学ぼうとする人は大変立派だ。しかし彼らは往々にして

読書をしない。これはちょうど、むせたからといって食事をしないようなもので、真の学問をしているとは言えない）

行動だけだと自分の経験の範囲内だけのことになってしまい、どうしても狭くなってしまう。もちろん実学の人、行動主義の人の志は高く評価するものであるが、自分をもっと深く掘るためには、水先案内人として、先人たちの知恵を学ぶことも大切だと教えている。

読書の効用はここにある。兼好《けんこう》法師も『徒然草《つれづれぐさ》』で言っている。

「先達《せんだつ》はあらまほしきものなれ」

先人の知恵は「転ばぬ先の知恵」である。

糞桶の口から説教をたれていないか

講説《こうせつ》はその人にありて、口弁《こうべん》にあらず。「君子は義に喩《さと》り、小人は利に喩る」がごとき、常人これを説けば、嚼蠟《しゃくろう》味なきも、象山《しょうざん》これを説けば、すなわち聴者《ちょうしゃ》をして愧汗《きかん》せしむ。視《み》て易事《いじ》となすことなかれ。（『言志晩録』四三条）

（講義で説くことが聞く人を納得させ得るかどうかは、講義をする人の人物いかんにあるのであって、決して口先の説明にあるのではない。『論語』の「君子は義に喩《さと》り、小人は利に喩る」を普通の人が講義しても、蠟《ろう》をかむように味気ないだろう。でも、陸象《りくしょう》山《ざん》がこれを講義したときは、聴く者を愧《は》じ入らせ、冷や汗をかかせたという。だから、人前で講義するということは、決してなまやさしいことではないのである）

陸象山云々《うんぬん》は、象山がかつて朱熹《しゅき》の白鹿洞《はくろうどう》を訪ねたとき、朱熹に請われて、門人たちに『論語』の「義利の弁」の講義をした故事のことを指している。陸象山の講義は並みいる院生を感泣せしめたという。講義は誰がどう言ったかで決まるのだ。

『二宮翁夜話』にも、身につまされる話が紹介されている。

あるところに、尊徳に援助を受けている儒学者がいて、日ごろ、子どもたちに儒学を教えていた。ところがある日、近村に行ったとき、大酒を飲んで酔いつぶれ、道端に寝込んで醜態をさらけ出してしまった。

それを見た弟子の某氏の子が、翌日から教えを受けに行かなくなった。そこでその儒者が怒って、尊徳に食ってかかった。

「私が教えているのは聖人の書です。私の所業に失望したといって、聖人の道まで捨てることはないでしょう」

そこで二宮翁は一つのたとえ話を出した。

「ここにご飯があるとします。ご飯自体はきれいだとしても、もしそれが糞桶《ふんおけ》に入れてあれば、あなたは食べますか。誰も食べません。食べるのは犬ぐらいです。あなたの学問とはこの程度のものでしょう。もともとは偉い聖人の教えなのでしょうが、あなたの糞桶の口から講説されるとき、子弟たちは聞きたくないというのです。子弟たちの主張が正しいのではないですか」

読書とは自己との対話である

二宮尊徳の指摘には頭を垂れざるを得ない。ところで、『言志耋録《げんしてつろく》』三条はこうも指摘している。

「経書《けいしょ》を読むは即ち我が心を読むなり。認めて外物と做《な》すこと勿《なか》れ。我が心を読むは即ち天を読むなり。認めて人心と做すこと勿れ」

(聖賢の書物を読むということは、即ち自分の心を読むことである。決して自分の外にある物を読んでいると思ってはならない。自分の心を読むということは、即ち天の意図するところを読むことである。決して人の心と思ってはならない)

読書は自分との対話であり、かつ天の意図するところを探ることだと、一斎は説く。だから読書は必然的に内省の時間であり、瞑想の時なのである。

私は若いころは、見識を広め、知識を習得するために読書するのだと思っていたから、次から次に本を読んでいた。誰それはこう言っている、あの本にはこう書いてあったなどと、私の興味は外に向かい、頭に知識を詰め込んでばかりいた。外に興味が向いていたのは、読書だけではない。いわゆる立身出世にとらわれ、誰よりも早く昇進し、世間から注目されるようになりたいと思っていた。

そんな俗臭紛々たる私が大きく変わったのは、脳梗塞《こうそく》で倒れ、救急車で病院に運ばれ、生死の境をさまよったことからだ。目が覚めてみると、右半身が不随になって、ベッドに横たわっていた。パニックに陥った時期が過ぎ、ものごとを冷静に見詰められるようになったとき、私の目は内面に向かうようになった。

――私の人生はこれでよかったのか？　まさか、飲んで食ってだけの人生ではないだろう。私がしなければならない仕事、いや私にしかやれない仕事って、あるのだろうか。

私の使命とは何だろう？

私の天職とは……

思索の時間が続いた。私はようやくものごとの意味を問い始めた。そんな私に聖賢の言葉が身に染みるようになった。そしてようやく「読書とは自己との対話であり、天との語らいである」という一斎の言葉がわかるようになった。

大志なき人間は大成できない

凡《およ》そ学をなすの初めは、必ず大人《たいじん》たるを欲するの志を立てて、しかるのちに書読むべきなり。しからずして徒《いたずら》に聞見《ぶんけん》を貪《むさぼ》るのみなれば、則ち恐らくは傲《おご》りを長じ、非を飾《かざ》らん。これいわゆる寇《こう》に兵を仮《か》し、盗に糧を資するなり。虞《おそ》るべし。（『言志耋録』一四条、『南洲手抄言志録』八一条）

（学問を始める前には、まず大人物になろうとする志を立て、それから書物を読むべきである。そうではなく、ただいたずらに見聞を広め、知識を得るために学問をすると、傲慢になったり、悪事をごまかすためにその知恵を使ったりすることになる。こうなると、敵に武器を貸し、盗賊に食物を与えることになってしまう。恐るべきことである）

およそ学問には二つある。一つは存在する事物の理《ことわり》を明らかにする学問である。数学や物理、化学などはその範疇《はんちゅう》にある。宋学では形而下学《けいじかがく》という。もう一つは聖賢の書を通して宇宙の真理に目覚め、自立自尊の人格を陶冶《とうや》する学問である。宋学では形而上学《けいじじょうがく》という。いわば今日の哲学である。

残念ながら、太平洋戦争に対する感情的反動から、戦後、学校教育の現場から、後者の人格形成の学問が消えてしまった。その結果、個人が世俗的な処世術ばかりを身につけ、国全体としても軽佻浮薄《けいちょうふはく》に流れたため、尊敬に値しない国になった。

日本は先の湾岸戦争では、世界で一番多額の一三〇億ドルを拠出した。イラクが撃退され、戦争が終わると、クウェート政府は新聞に意見広告を出した。軍隊を派遣し祖国を防衛してくれた三十カ国の名前を挙げ、感謝の意を表明したのだ。ところがその中に、日本の名は入っていなかった。

なぜか、という日本政府の問い合わせに、クウェート政府の高官は弁解した。

「日本は金を出してくれたかもしれないが、血は流してくれなかった。体を張ってわが国を守ってくれたのではなかった」

このクウェート高官の言葉はわれわれ自身を振り返らせずにはおかない。われわれの行動様式に欠けたものがありはしないか。一国平和主義とは利己主義の代名詞ではないのか。

第二次世界大戦の後遺症ゆえに、われわれは長らく後者の学問、すなわち判断し、行動する主体たる自分自身を磨く学問を忘れていたツケが、いま回ってきたのではなかろうか。

信義とは何なのか

長らく日本アラブ首長国連邦協会会長を務めていたコスモ石油元会長の中山善郎《よしろう》は、日本の外交政策があまりに自国の安全中心主義なのではないかと懸念を表明したことがある。

先の湾岸戦争の際、日本政府は、皇太子のサウジアラビア、クウェート、オーマン、カタール、バーレーン、アラブ首長国連邦の中東六カ国訪問が、英米仏連合軍のイラク攻撃で中東地域の情勢が不安定になったことを理由に取り止めにすると発表した。

発表の四日前には、出発を前にして、皇太子をお招きして、中東六カ国の駐日大使が主催した送別晩餐会が持たれたばかりだったから、中止発表は複雑な反応を引き起こした。例えば日本の石油の四分の一を供給しているアラブ首長国連邦は、初めての皇太子訪問に、国を挙げての準備をしている最中だった。皇太子滞在中の三日間は一切の国事を中止して歓迎しようという熱の入れようだったのだ。

そこに皇太子訪問中止の知らせが届いたからショックだった。アラブ首長国連邦などの関係諸国の政府が激怒したことは言うまでもない。自分の安全ばかりを考えて何だと言うのである。イラクでは戦端が開かれたかもしれないが、それは千キロメートル離れた他国での話であって、アラブ首長国連邦の首都アブダビは平和そのものであった。

中山は事後処理も含め、一カ月近くもアブダビに滞在し、関係先を謝って回った。現地の空気を十二分に理解した中山は言った。

「皇太子の中東訪問は二年前も検討されたが、湾岸戦争で延期になりました。それだけに現地では皇太子訪問を待ちこがれていたのです。もしこの一月の訪問のとき、皇太子が戦火をかいくぐってまでも訪問されていたら、シェイク・ザイード大統領も国民もいっそう感激し、ますます親日派になったでしょう。内閣は外務省の情報をもとに総合的に判断しての結論だったと言います。でも自分がかわいくて、自分の安全ばかりを考えていたら、日本は国際的孤児になってしまいますよ」

経済だけの大国とは何なのか。尊敬されるだけの中身がない国とは何なのか。われわれの時代の日本が、後世から非難されることがないよう、心していきたいものである。

有字の書、無字の書に学ぶ

学を為《な》す初めは、もとよりまさに有字《ゆうじ》の書を読むべし。学を為すことこれ熟すれば、則ちよろしく無字《むじ》の書を読むべし。（『言志耋録』一五条）
（学問の初めのころは、言うまでもなく、字が書いてある書物を読まなければならない。

学問がすすめば、字のない書物、すなわち天地自然、社会そのもの、あるいは人間などから読み取らなければならない）

「それわが教えは書籍を尊ばず、ゆえに天地をもって経文とす」（『二宮翁夜話』）といった二宮尊徳（金次郎）だったが、では全然書物を読まなかったかというと、そうではない。

十四歳のとき、父が死に、十六歳で母も亡くし、加えてその年の六月には再び酒匂川《さかわ》が氾濫《はんらん》して一家離散し、金次郎は叔父の万兵衛に預けられた。日中は畑仕事、夜は土間でのワラ仕事と、体が休まる暇もない労働の日々だった。

しかし、金次郎は労働に埋没してしまわないために、時間を惜しんで本を読んだ。仕事が終わってから、夜遅くまで菜種油を灯《とも》して本を読んでいる金次郎を万兵衛は叱った。

「百姓に学問はいらねえ。油代がもったいないだけだ」

好意で預かってもらっている叔父から、そう言われればやめないわけにはいかない。

でも、本は読みたい。本は自分の視野を開いてくれる。一計を案じた金次郎は人の捨てた油菜の苗を拾い、近くの酒匂川の川床に植え、これを採取して油に代えた。油代ゆえに読書に嫌な顔をされるのを防いだのだ。

こういうふうに金次郎も初めのころは本を読んだ。しかし、だんだん実践こそがもっと大事であることに目覚め、「本末転倒して本の虫になるな」と諫《いさ》めるようになった。生活に即した教育はもっと効果が高い。庭先や畑や田んぼで、生活教育は実践された。

尊徳は生きた学問を重視した。そうでなければ頭の中だけの知識になってしまい、実生活に生かされることがないからだ。尊徳が実生活の中で詠んだ道歌は、われわれが見過ごしていたことに気づかせてくれる。

夕立と姿をかへて山里を恵むなさけぞはげしかりける
山寺の鐘つく僧の起き臥《ふ》しは知らでしりなむ四方《よも》の里人

読書は肚をつくる

源《みなもと》有るの活水《かっすい》は、浮萍《ふひょう》も自《おの》ずから潔《きよ》く、源なきの濁沼《だくしょう》は蓴菜《じゅんさい》もまた汚《けが》る。（『言志耋録』一六条）

（水源のある生き生きとした水は、浮草も清らかである。一方、水源のない濁った沼で

は尊菜《じゅんさい》までも汚い）

宋の名儒で、儒教の中興の祖ともいうべき程伊川《ていいせん》が讒言《ざんげん》にあい、流刑されたことがある。十年の歳月が過ぎ、許されて洛陽の都に帰ってきた。人々は、伊川が長い間、田舎でさぞ意気消沈していたことだろうと思った。

ところが、いざ迎えてみると、気力十分、威風堂々として辺りを圧する雰囲気である。

不思議に思って、かつての門人が尋ねた。

「伊川先生、なぜ、そんなにあたりを圧する雰囲気があるのですか」

すると、伊川はこともなげに答えた。

「学の力だよ」

程伊川は流刑先で腐るどころか、このときとばかり、日ごろ関心を抱いていた易学を徹底して研究した。十年という歳月は短かった。易の研究は伊川に大宇宙の哲理に目覚めさせることになり、主著『易伝』はこうして世に出たのである。

水源のある水は腐らない。目的観に徹していない人は、境遇を恨んで無為の日を過ごす。しかし、伊川の学問は生半可なものではなく、書物を通して古人を友とし、聖賢にまみえて励まされていたのだ。

「徳は孤ならず。必ず隣あり」（『論語』里仁篇《りじん》）であるけれども、実はここに秘訣がある。伊川は読書を通して古人にまみえ、聖賢と語らっていたのだが、われわれもまた水源のある活水を日々汲むことが大切だ。

水源のある活水とは、身近には畏友《いゆう》であり、師であり、歴史をさかのぼって、先賢であり、聖賢である。また、坐禅や静坐、内観を通して感応する天や神もまた、水源のある活水である。優れた人々が多く、坐禅し、静坐し、あるいは内観その他の宗教的作法によって、人間を超えた大いなる存在に目覚めていたことは刮目《かつもく》に値する。いや、そういう存在との内的対話を経なければ、人間、なかなか我執《がしゅう》を去ることはできないのではないか。これもまた先人の尊い知恵である。

古今の賢人や英雄と交際する

孟子、読書をもって尚友《しょうゆう》となす。ゆえに経籍《けいせき》を読むは、即ちこれ厳師《げんし》父兄の訓《おしえ》を聴くなり。史子《しし》を読むも、また即ち明君、賢相《けんしょう》、英雄、豪傑と相周旋《あいしゅうせん》するなり。それこの心を清明にしてもってこれに対越《たいえつ》せざる可《べ》けんや。（『言志後録』一四四条、

『南洲手抄言志録』四〇条）

（孟子は、読書をすることは、古人を尊び、友とすることだと説いた。経書《けいしょ》を読むのは、厳しい先生や父兄の教えを聞くのと同じである。歴史書や諸子百家の本を読むのも、直接賢明な君主や賢い宰相、英雄、豪傑と交際するのと同じである。だから読書に際しては、心を清明にし、書中の人物より卓越した気概をもって相対しなければいけない）

尚友の尚とは友を尚《たっと》ぶことを意味し、尚友とは書物を通して昔の賢人を友とすることである。従って尚友を古人とすれば、現在われわれが交わっている友の中でも、道の上から言って、自分より一歩も二歩も先んじている敬服すべき友のことを、畏友《いゆう》と言う。

昔から、「その人を知らんと欲せば、まずその友を見よ」と言われる。付き合っている友だちを見ることによって、その人の志操をうかがうことができるのは事実だ。

では、人の品格を判断するにはいかなる標準があるだろうか。

まず、第一には、その人がいかなる人を師として仰いでいるかである。師は導きの星である。師が抱いている志の高さが、大方そのままその人の志の高さになることを思うと、師を見ることでその人の人品が推し測れる。

第二は、その人がいかなることを人生の目標としているかである。

元コスモ証券副社長の豊田良平は、師として仰いでいた元京都大学総長の平澤興をほぼ毎月のように訪問していた。そのとき、いつも平澤には、

「豊田さん、日本一の男になりなさいよ」

と励まされたという。志操の高さが人を決める。そんなことから豊田は、「志は気の帥《すい》なり」（『孟子』公孫丑《こうそんちゅう》上）（志は気の将帥である。志が高ければ、自ら気力も湧いてくる）を座右の銘としたという。

第三は、その人が今まで何をしてきたかである。食べるために、なりふりかまわずやってきたか、それとも男には妥協できない一線があると、節義を通してきたか。その人の経歴は多くのことを語ってくれる。

第四は、いかなる書を愛読書としているかである。愛読書とは共鳴し、共感している書物である。従って、愛読書には、志も人生観も目標もすべてが現れる。愛読書はその人を知る有力な手がかりになる。

最後が、その人の友人を見ることだ。「類は友を呼ぶ」とは古今の真理だ。友人関係にその人の価値観が現れている。だから友人を見ることで、その人の品格を推し測ることができると言えよう。

いま五つの基準を挙げたが、いずれの基準とも深くかかわっているのは、一番目の「いかな

る人を師として仰いでいるか」である。二番目の生涯の目標を決める場合も、師の価値観が大いに影響しているし、三番目の愛読書も、師からこの本は読んでおいたほうがいいと推薦《すいせん》される本から自ずから定まってくる。

四番目の過去の経歴も、師に会うまでは紆余《うよ》曲折もあるだろうが、心の師に出会えば迷いは少なくなってくる。また大きな出来事は師に相談するだろうから、判断に誤りがなくなってくる。

五番目の友人も、結局は「道の友」となるから、同じ師を仰ぐ場合が多い。

「朋《とも》遠方より来《きた》るあり。また楽しからずや」

道友だからこそ気脈が通じるし、お互いに啓発し合い、切磋琢磨《せっさたくま》する仲だからこそ、話も弾む。

一冊の本を熟読する

余は寂冠《じゃっかん》前後、鋭意書を読み、目《め》、千古《せんこ》を空しくせんと欲せり。中年を過ぐるに及びて、一旦悔悟《かいご》し、痛く外馳《がいち》を戒《いまし》め、務《つと》めて内省に従えり。しかる後に自ら覚ゆ、やや得るところありて、この学に負《そむ》かずと。今は則ち老いたり。少壮に読みしところの書、過半は遺忘《いぼう》し、茫《ぼう》として夢中の事の如し。やや留りて胸臆《きょうおく》にあるも、また落々《らくらく》として片段《へんだん》を成さず。ますます半生力《はんせいちから》を無用に費《つい》やしことを悔《く》ゆ。今にしてこれを思う。書はみだりに読むべからず、必ず択《えら》びかつ熟するところありて可なり。ただ要は終身受用せば足ると。後世わが悔いを踏むことなかれ。

（『言志後録』二三九条）

（私は二十歳前後のころ、一所懸命読書して千古以来の書物を読み尽くしたいと思った。でも三十歳を過ぎたころ、従来のやり方を反省し、外にばかり思いを馳《は》せることを戒《いまし》め、努めて内省するようにした。このように変えてみるとやや心に得るところがあり、この方法は聖賢の学にそむかないことを悟った。

今はもう老いた。少壮のころ読んだ書物は大方忘れてしまい、茫《ぼう》として夢のようだ。少しばかり心に残っているものも、まばらでまとまっていない。そう考えると、ますます半生を無用なことに力を費やしたことを後悔している。

今にして思うことは、書物はむやみに読んでいいものではない。必ずよく選択して熟読するほうがよい。肝心なことは、読書して得た知識を一生涯十分活用することである。後世の人々よ、私の失敗をくり返さないようにしてほしい）

一斎は後進の指導の際、耽《むさぼ》るように本を読んでいる者には思索内省することを、読書嫌いな者には先人の忠告をないがしろにしないよう注意したというが、それはこの体験からくる悔悟の念からだった。

「外馳《がいち》を戒め、務めて内省に従う」というのは、王陽明の力説するところである。この条も一斎が陽明学から多くを学んでいたという証拠であろう。虎関《こかん》禅師が言うように、最初は「古教、心を照らす」読書をしなければならないけれども、次第に自分が主体に立って、「心、古教を照らす」ようにならなければならないのだ。

一斎は「書はみだりに読むべからず、必ず択《えら》びかつ熟するところありて可なり」と言っているが、幕末から明治にかけての住友の総理事だった広瀬宰平は生涯一冊の書物しか読まなかったという。

学校に行けなかった広瀬は鉱山の下っ端で働いているころ、給金を貯めて一冊の本を買った。『経典余師《けいてんよし》』という四書（『論語』『孟子』『大学』『中庸』）の通俗解説書である。広瀬は時間があるとこれを取り出して読んだ。

鉱山のことだから、夜になると鉱夫たちは酒と博打《ばくち》にうつつを抜かすのだが、広瀬は仲間に加わらず、暗い灯のもとで、それを読んだ。外に出るときはいつでも取り出して読めるように懐《ふところ》に入れているので、汗でくしゃくしゃになる。あまりくり返し読んだので、綴《と》じ紐が切れ、修復できないようになった。すると、広瀬はまた『経典余師』を買ってきて、読んだ。

そうして住友を背負って立つ大番頭になっていくのだが、その彼の肚をつくったのは、この一冊の書物だった。骨の髄までしみ込むような読書。そういう読書もある。そしてそれが基本である。走り読みするくらいなら、一冊の本をとことんまで読んだほうが、血となり肉となる。

余談だが、『経典余師』は江戸時代の讃岐の人、渓百年《たにひゃくねん》の著書で、通俗解説書ではあるものの、なかなか力のある書物である。若いころの二宮尊徳もこの書に没頭し、二度も買い求めている。あの倹約家の尊徳が同じ本を二度も買ったというのは他にないのではなかろうか。

第五章　運命を切り拓く

1　内省がもたらす英知

自分の言葉を自分の耳で聞く

わが言語はわが耳自ら聴《き》くべし。わが挙動《きょどう》はわが目自ら視《み》るべし。視聴《しちょう》すでに心に愧《は》じざれば、すなわち人もまた服せん。（『言志晩録』一六九条）

（自分が言っている言葉は客観的に自分の耳で聞くがよい。自分の立ち居振る舞いは客観的に自分の目で見るがよい。自分で見、自分で聞いて心に恥じるところがなければ、人もまた敬服するだろう）

この条は『孟子』離婁《りろう》上の次の言葉を噛みしめればいっそうよく理解できる。

「人恒《つね》の言あり。皆いわく、天下国家と。天下の本《もと》は国にあり。国の本は家にあり。家の本は身にあり」

（人は口を開くと天下国家という。ところが、天下国家の本は国にある。国の本は家にある。

家の本は自分自身にある。つまり、真に天下国家を憂《うれ》うのであれば、まず自分自身を修めることを忘れてはならない）

天下国家を構成している単位の一つに会社がある。縄のれんをくぐると、必ずと言っていいほど、会社の方針や上司の能力についての愚痴が聞かれる。あえて愚痴というのは、前述のことを自覚したうえでの献策とは思われないからだ。それは所詮酒席のうえでの強がりでしかない。また深く自分の責任と役割を自覚している人は、そういったことは、もはや軽々しく口に出せなくなるものである。

そういう点で『孟子』には傾聴すべき教えが多い。見過ごしていたことを再発見させてもくれる。同じ離婁上にある次の言葉はどうだろう。

「行ないて得ざるものあれば、みな反《かえ》りてこれを己れに求む」

（何事にせよ、やってみてうまくいかない場合、すべて、相手を責めるより、自分のやり方を反省すべきだ）

最後に同じ章から次の言葉を掲げよう。

「人必ず自ら侮《あなど》りてしかる後に人これを侮り、家必ず自ら毀《やぶ》りてしかる後に人これを毀り、国必ず自ら伐《う》ちてしかる後に人これを伐つ」

（人は他人に軽蔑されるようになる前に、自分が自分を軽蔑する。一家が崩壊するのも、他の人がそうする前に、自分たちが崩壊させている。国家も同じで、自分たちがまず内乱状態に陥《おとしい》れており、外敵が攻めてくるのはその後である）

『孟子』はやはり読むべき本である。内省に導いてくれる最高のガイドブックだ。

若き日にやっておかねばならないこと

人、少壮《しょうそう》の時に方《あた》りては、惜陰《せきいん》を知らず。知るといえどもはなはだ惜しむには至らず。四十を過ぎて已後《いご》、初めて惜陰を知る。すでに知るの時には精力漸《ようや》く耗《もう》せり。ゆえに人の学を為《おさ》むるや、須《すべか》らく時に及びて立志勉励《りっしべんれい》するを要すべし。しからざれば、則ち百《もも》たび悔《く》ゆともまた竟《つい》に益なからむ。（『言志録』一二三条）

（人は若くて元気盛んなときには、時間を惜しむことを知らない。知っていたとしてもそんなに惜しむほどではない。しかし、四十歳以後になって初めて時間の大切なことに目覚める。でもそのときにはもう精力も気力も減退している。だから学問を修めるには気力のある若いときに志を立てて励み勉むべきである。そうでないと、どんなに悔いても悔い切れないことになる）

次に掲げるのは、王陽明（一四七二〜一五二九）が浮き沈みの多かった人生を過ぎ、五十歳になった春に詠んだ詩である。

四十餘年睡夢中
而今醒眼始朦朧
不知日已過亭午
起向高楼撞暁鐘

四十餘年睡夢の中
而今《いま》醒《せい》眼始めて朦朧《もうろう》
知らず日已《すで》に亭午《ひる》を過ぐるを
起《た》って高楼に向《すす》んで暁鐘を撞《つ》く

（四十余年間、私はただただ睡夢の中にあった。今ようやく眠りから醒めたけれども、まだ意識は朦朧《もうろう》としている。日はすでに正午を過ぎているではないか。ああ、今こそ立って高楼に登り、暁鐘を撞《つ》こうではないか）

私がこの詩を深刻に受け止めたのは、大病に倒れたときだった。それまでは中国にありがちな、ついつい大酒を飲んで寝過ごし、昼過ぎて起き出しては、鐘を撞《つ》いたよというような詠嘆調の詩だと思っていた。

しかし、右半身不随、社会的人生はもう終わるかもしれないという局面に直面して、王陽明はこの詩にもう一つの意味を含ませていたことを知ったのだ。

　王陽明は役人として数々の手柄を立てたけれども、武宗の宦官《かんがん》の讒言《ざんげん》を受け、貴州竜場《きしゅうりゅうじょう》の駅《えき》丞《じょう》に左遷され、失意の日を送った。しかし、運命とは不思議なもので、そこで大悟して唯心的な哲学を打ち立て、陽明学を作り上げていく。

　その後、地方官として各地を歴任し、また各地の反乱を鎮圧して、ついに兵部尚書兼都察院《ひょうぶしょうしょけんとさついん》都御史《とぎょし》の高位まで昇りつめた。そのように官職でも多忙の極みだった王陽明だが、どんなに多忙でも、学を講じることは絶やさなかった。

　そんな王陽明だったから、私は、王陽明は公私ともにきわめて充実した人生を送ったと思っていた。が、当の王陽明自身は、「四十餘年ただ睡夢の中」にあったといい、人生の半ばを過ぎてようやく醒め、朦朧とした意識が鮮明になったという。醒めたからには充実した人生を送りたい、今こそ高楼に立って暁鐘を撞こうというのである。

　私の四十歳までの歳月は、あれに気を奪われ、これに関心を引かれして、あっという間に過ぎてしまった。そして気がついたときは、すでに四十の声を聞いており、唖然《あぜん》としてしまった。まさに酔生夢死のように時間を過ごしてしまっていたのだ！

　大病を患《わずら》い、人生が終わりになるかもしれないという立場に陥ってみて、ようやくこの詩の真意を理解したのだ。だから今度こそは人生を空費すまいと、決意している。

人生五十、功無きを愧《は》ず

南北朝時代、足利義満に仕え、最も誉《ほま》れの高かった名管領に、細川頼之《よりゆき》（一三二九～一三九二）という武将がいた。しかし、毀誉褒貶《きよほうへん》は世の習い。北朝康暦元年（一三七九）四月、義満《よしみつ》は康暦の政変で頼之を罷免《ひめん》した。頼之は失望し、頭を剃って出家し、都を離れて故郷の讃岐に帰った。その折、詠んだ漢詩「海南行」は、幕政の中枢にあり多端な人生を歩いた人であるだけに、読む者の肺腑を抉《えぐ》るものがある。

人生五十愧無功
花木春過夏已中
満室蒼蠅掃難去
起尋禅榻臥清風

人生五十、功無きを愧《は》ず
花木《かぼく》春過ぎて夏已《すで》に中《なか》ばなり
満室の蒼蠅《そうよう》掃えども去り難し
起って禅榻《ぜんとう》を尋ねて清風に臥《ふ》せん

（瞬《また》く間に人生五十年が過ぎたけれども、未《いま》だこれといった功績がない自分が恥ずかしい。花木が咲く春が過ぎ、夏はもう半ばになっている。部屋に満ちている青バエは追っても追ってもやってくる。今は静かに立って、長椅子に臥し、清々《すがすが》しい風にあたろう）

蒼蠅《あおばえ》には、位官を求めてすり寄ってくる人、人を陥《おとしい》れようと陰で立ち回る人の意味もある。それにしても、である。頼之ほどの人が、「人生五十、功無きを愧《は》ず」と言っているのだ。謙遜はあるにしても、管領罷免という事態に、それまで積み上げてきたものすべてがついえ去っていくのを覚えたのだろう。

この後頼之は、再び幕政の中枢に復帰し、細川一族は室町幕府に一定の地歩を確立することになった。蛇足だが、頼之は和歌・連歌にも素養があり、勅撰集には和歌十三首が選ばれている。

志気に老少なし

血気《けっき》には老少《ろうしょう》ありて、志気《しき》には老少なし。老人の学を講ずるには、まさにますます志気を励まして、少壮《しょうそう》の人に譲るべからざるべし。少壮《しょうそう》の人は春秋《しゅんじゅう》に富む。たとい今日学ばずとも、なお来日の償うべきあるべし。老人には則ち真に来日なし。もっともまさに今日学ばずして来日ありということなかるべし。(『言志後録』二四三条)

（血気には青年と老年の違いはある。しかし、志気にはその差はない。だから老人が勉学するには、ますます志気を励まして、少壮の人に負けてはならない。少壮の人たちは前途春秋に富んでいる。たとえ今日学ばずとも、取り返せるだけの年月があるだろう。しかし、老人にはもう取り返すだけの明日はないのだ。今日学ばずして、明日ありと言ってはならない）

この文章の最後に、「天保八年嘉天月朔録す」とある。天保八年十二月とは、あと一月で六十六歳が終わるときである。老境に入ると、もう時間がないという思いが切々と伝わってくる。まさに、

明日ありと思ふ心の仇桜《あだざくら》夜半に嵐の吹かぬものかは

である。それにしても不思議に思うのは、なぜ天はわれわれ人間に、思うがままのことをさせているのだろうかということだ。紆余曲折を経て、われわれが真に人生の意義に目覚めるのは、多くの場合、四十を過ぎてからである。もの心ついてからの大方二十年間はただただ模索に費やされ、気がついたときにはもう折返し点に立っていたということが多い。

なぜ天は、人間が学びを終えて社会に出るころには人生の意義に目覚め、全力をあげて天命の成就に取り組むようにしておかないのだろうか。

なぜ天はわれわれに自由意志を与えて、自ら気がつくまでは放っておくのだろうか。そのために無駄とも思える歳月を過ごしてしまうし、人によっては気づかないままに、あたら人生を棒に振ってしまうこともある。

それほどの犠牲が出ることを承知のうえで、なぜ天は人間に自由性、自主性を与えたのか。それとも人生は不条理であって、矛盾に満ちているものなのか——。

これは古来から神学の最重要問題として論議されてきたことであり、私も長年模索してきたことである。そして現在では、人間のこの自由性、自主性こそ、人間の最大特徴であり、神の恩寵《おんちょう》だと思うようになった。

人間は自分自身の創造、つまり人と成る最後の部分は、天でもない、親でもない、師でもない、自分自身で行うことによって、創造者の仲間入りをする。人間は天によって創造された存在ではあるが、自分の精神の創造には自分が参加するという特権を与えられているのだ。

そこに気づくとき、天にも親にも師にも友にも、限りない感謝が生まれてくる。自分の生涯をかけた作品として、自分の精神を形作っていこうと決意する。その決意の前には青年も老年もない。あるのは時間と実践だけ。与えられた時間を最大限生かしたいと思い、自分の思想に従って、最大限奉仕したいと思う。遅過ぎることはない。まさに「志気に老少なし」である。

仕事は祈りだ

人の一生には順境あり。逆境あり。消長の数、怪しむべきもの無し。今また自ら検するに、順中の逆あり、逆中の順あり。宜《よろ》しくその逆に処して、敢《あえ》て易心《いしん》を生ぜず、その順に居りて、敢《あえ》て惰心《だしん》を作《おこ》さざるべし。ただ一の敬の字、もって逆順を貫けば可なり。（『言志晩録』一八四条）

（人の一生には順境もあれば、逆境もある。これは栄枯盛衰の理《ことわり》であって、少しも怪しむに当たらない。自分自ら調べてみると、順境の中にも逆境があり、逆境の中にも順境がある。だから、逆境に処してはやけくそを起こさず、順境にあっては怠け心を起こしてはいけない。ただ敬の一字をもって、順境、逆境を一貫して貫けばよい）

詩人の野口雨情は若い頃は長い間、芽が出なかった。詩人仲間の三木露風《ろふう》も相馬御風《そうまぎょふう》もどんどん頭角を現し、新聞雑誌に原稿を書き、ラジオにも出演したものの、雨情だけは鳴かず飛ばずだった。

雨情は諦めて樺太に渡り、商売を始めたが、うまくいかず、夜逃げ同然で内地に逃げ帰って、小樽で小さな新聞社に入った。しかし上司とうまくいかず、精魂尽き果ててしまった。そんなある日、初めての子を授かった。女の子だった。

雨情はすっかり元気を取り戻し、その子に緑と名付け、眼に入れても痛くないほどに可愛がった。ところがその子はわずか一週間しか生き長らえることができず、天国に召されてしまったのだ。

失意のどん底に落とされた雨情は新聞社を辞め、札幌に出た。新しい職場を得たものの、うまくいかず、また辞めた。三つ目の職場でもうまくいかず、そこも辞めた。そして負け犬となって故郷の茨城県磯原町に帰り、酒に入り浸る生活になってしまった。自分のことを、「花の咲かない枯れススキ」と自嘲《じちょう》していたのだ。

ところが、ある夜、夢に娘が現れ、眼にいっぱい涙を浮かべて泣いていた。その顔を見た瞬間、

「これはいかん。このままでは、あの子に合わせる顔がない。わずか一週間しか生きることができず、自分の人生にすら挑戦できなかった娘！　それに比べたら自分はどうだ。父母から健康な体をいただき、すでに二十数年の人生を送っていながら、自ら人生を諦め、酒に逃げてい

た！　何とか、立ち直らなきゃ……」

と思った。そこから雨情の立ち直りが始まった。

「緑、お父さんはお前の代わりにいい仕事をするからな。どうか天国から見守って、励ましてくれ！」

こうして作った童謡が人々の心を打ち、作詞家として知られるようになっていった。異国の地に売られていった女の子の寂しい心情を歌った「赤い靴」、カラスのお母さんの愛を歌った「七つの子」も雨情の作詞によるものだが、「シャボン玉」もまた、幼くして死んだ娘に再起を誓った歌である。

シャボン玉飛んだ
屋根まで飛んだ
屋根まで飛んで
こわれて消えた

シャボン玉消えた
飛ばずに消えた

生まれて直ぐに
こわれて消えた

風、風、吹くな
シャボン玉、飛ばそう

誠心誠意の仕事には、相手から必ず「ありがとうございます。助かりました」という言葉が返ってくる。その言葉に誰よりも励まされるのは私たち自身だ。「もっといい仕事をしよう」と一所懸命になり、ますますいい仕事ができるようになる。「仕事は祈りだ」――そう思って取り組む人は、自ら光り輝く存在になるのではなかろうか。

他人に責任転嫁しない

諺《ことわざ》にいう、禍《わざわい》は下《しも》より起こると。余謂《い》う、これ国を亡ぼすの言なり。人主《じんしゅ》をして誤りてこれを信ぜしむべからずと。およそ禍はみな上《かみ》よりして起こる。その下より出ずるものといえども、しかもまた必ず致《いた》すところあり。成湯之誥《せいとうのこう》にいわく、爾《なんじ》、万方《ばんぽう》の罪あるは予《よ》一人にありと。人主《じんしゅ》たる者は、まさにこの言を監《かんが》みるべし。

（『言志録』一〇二条）

（諺《ことわざ》に災いは下より起こるとあるが、これは亡国の諺であって君主にこれを信じさせてはいけないと思う。すべて災いは上より起こるものである。下から出た災いでも、必ず上に立つ者がそういうふうにさせているものだ。殷《いん》の湯王《とうおう》が家来に諭し告げて言った。「汝ら四方の国々の人民に罪悪があるのは、すべて自分一人の責任である」君主はまさにこの言を手本とすべきである）

一斎は人の上に立つ者のあり方として、殷の湯王の例をあげている。思うに、自分の手本、あるいは戒めとして、いろいろな伝記ほど役に立つものはない。今は故人になったが、長らく日本化薬の会長を務め、財界の不倒翁と言われた原安三郎は、人生航路の指針として先人の伝記にまさるものはないと説いていた。

「伝記は学校教育からは得られない先人のそれぞれの工夫や、努力の跡を生のままで伝えてくれる。海外物では、ジャン・ジャック・ルソーの『懺悔録《ざんげろく》』、クロポトキンの『ある革命家の思い出』『フランクリン自伝』『ミル自伝』などが印象深い」

それにつけ加えて、「伝記的人物に会うこと」を勧めている。これを学んだのは住友総理事だった小倉正恒《まさつね》からである。

小倉は『史記列伝』の「人間の精神気魄を養うには、名山大川を跋渉《ばっしょう》し、英雄豪傑の風格に接することだ」という一節に共鳴し、書生時代から、その時代にそびえ立っている人物を訪ね、教えを乞うた。

それらの人物に勝海舟や高島嘉右衛門がいる。高島は銀の密輸に関係したことから投獄されたが、獄中で『易経』を読んで大悟した人である。出獄後は、横浜港の開発にかかわり、これを完成させた。今も残る高島町や嘉右衛門町はその遺徳を偲《しの》んでつけられた名前である。

こうして小倉正恒は住友の歴代総理事の中でも、出色の人物になっていく。

小倉にならって、原安三郎も早稲田大学の学生時代から日曜日になると腰に弁当を下げて、人物と思われる人々を訪ねた。もとより無名の学生。門前払いを食うのは承知の上。自分の肚《はら》を練り、真贋《しんがん》を見極める目を養い、人物洞察力を深めるのが狙いだから、万が一会えれば、真剣勝負を挑んだ。

「こうした訪問で得たものは大きかった。特に多くの人が『他人に責任転嫁しない』という生き方をされているのには感じ入りました。人の度量というものはそこから育つものです」

アランは、「つまらぬ本を百冊読むよりは、一冊のすぐれた本を百回読むほうが、はるかにためになる」と言った。長らく慶應義塾大学塾長として戦前、戦後にわたって青年たちに多くの影響を与えた小泉信三は、「百冊の本を読むよりは、百人の人間に会え」と言った。優れた人物ほど、責任転嫁はしないものである。生きた人物たちは万巻の書物より雄弁にそれを語ってくれるだろう。

至誠こそがすべて

唐虞《とうぐ》の治《ち》、ただこれ情の一字のみ。極《きわ》めてこれを言えば、万物一体も、情の推《すい》に外《ほか》ならず。（『言志耋録』二五一条、『南洲手抄言志録』三条）

（中国古代の王、堯《ぎょう》帝・舜《しゅん》帝の政治は理想的であり、すべては情の一字に帰着してしまう。これを極言すれば、宇宙の万物を一体化させているものは、情を推し広げたもの以外のなにものでもない）

城山三郎の名著『落日燃ゆ』の主人公になった外交官にして政治家の広田弘毅《こうき》（一八七八～一九四八）にこんな話がある。

戦中の外務省の重鎮で、歴代内閣の外務大臣を務めた広田が、終戦後、A級戦犯としてGHQ（連合軍総司令部）に逮捕され、巣鴨プリズンに収容された。連日、取り調べがあるが、広田は口を閉ざしてしゃべらなかった。

〈人間、しゃべれば、必ず自己弁護が入る。結果として他の誰かを非難することになる。検察側がそれを待ち受けている以上、自分は一切しゃべるまい。自己弁護しないことで自分の不利となるにしても、それはかまわない〉

戦犯容疑者はそれぞれの手づるを探して、弁護人の依頼に躍起となったが、広田はそれもしなかった。

「それでは裁判が成り立たず、他の人の迷惑になります」

と言われて、ようやく承知した。広田は外務省の中枢にいたが、戦争推進派ではなく、軍部の独走を抑えようと努力した外交官である。従って自己弁護したら、身の潔白も立証できただろうが、そうはしなかった。

取り調べ中、広田の口の堅いのには変わりはなかった。極東裁判の検事側のネイサン次長もほとほと困ってしまったが、それでも必要以上のことはしゃべらなかった。今度の戦争には首謀者がいたことを立証し、彼らを処刑することで、「正義はわれにあり」と言いたかったアメリカは、ついに広田をもA級戦犯の中に入れたのである。

何がこれほどまでに潔癖な生き方を可能にしたのか

刑が確定して、十三階段を登る日のことである。教誨師《きょうかいし》を務めた仏教学者の花山信勝《はなやましんしょう》が広田に尋ねた。

「和歌か、詩か、あるいは感想か何かありませんか」

広田は言葉少なに答えた。

「私は公人として仕事をしましたから、私のやったことはすべて残っています。今さら申し添えることはありません」

あまりのそっけなさに花山がかえって狼狽して、

「でも、何か一つぐらいは言い残しておくことがないでしょうか」

と聞くと、広田は静かに言った。

「すべては無に帰す。それでいいじゃありませんか。言うべきことは言い、やるべきことはやって、務めを果たしました。そういう人生を貫き通してきたのですから、今さら何も言うことはありません」

広田が東京大学在学中から指導を受けていた山座円次郎《やまざえんじろう》は、いつも広田を諭したという。山座とは小村寿太郎を補佐して日英同盟を成立させた陰の立役者である。

「小村寿太郎さんはけっして日記をつけなかった。私もそうだ。外交官は後世の人たちに、自分の行ったことで判断してもらう。それについて弁解めいたことは一切したくないものだ」

広田には山座の潔《いさぎよ》さが念頭にあったのかもしれない。従容《しょうよう》として十三階段を登り、七十年の生涯を閉じた。

こういう生き方を知れば、誰でも広田にならって潔癖な生き方をしようと発奮する。やはり学ばなければいけないのだ。吉田松陰が松下村塾で教えたのもそれだった。

「至誠にして動かざる者は、未だこれあらざるなり」(『孟子』離婁《りろう》上)

情、すなわち、至誠こそがすべての根本なのである。

2　信は力なり

没法子《メイファアズ》の肯定的な意味

富人《ふじん》を羨《うらや》むことなかれ。渠《か》れ今の富は、安《いず》くんぞその後の貧を招かざるを知らんや。貧人《ひんじん》を侮《あなど》ることなかれ。渠《か》れ今の貧は、安くんぞその後の富を胎《たい》せざるを知らんや。畢竟天定《ひっきょうてんてい》なれば、各《おのおの》その分に安んじて可《か》なり。（『言志晩録』一九〇条）

（富める人をうらやんではいけない。彼の今の富は、後日の貧乏を招くものであるかもしれないではないか。貧しい人を侮《あなど》ってはいけない。彼の今の貧しさは、後日の富の元となるかもしれないではないか。つまるところ、貧富とは天が定めるところであるから、各人はその分に安んじ、ただ最善を尽くせばいいのだ）

山一証券の相談役だった横田良男は、小学校四年から旧制高校に行くまで中国東北部（旧満州）で育ち、軍隊でも最後は満州で終戦を迎え、ソ連軍の捕虜となった。だから中国のことは体験的によく知っている。よく「しかたがない、あきらめる」と消極的意味をこめて訳される中国語の「没法子《メイファズ》」には、そうではない、むしろポジティブな響きがあるという。いわば、「与えられた運命は変えようがない。だからまずこれを与件《よけん》として受け入れる。そのうえで、そこから出発する」

というものだ。いたずらに運命を嘆くのではなく、その状況下で何ができるかと積極的に探す。横田がソ連軍の捕虜となったとき、シベリアに連れていかれたらおしまいだと、死地に活路を求めて脱走し、一命を取り留めたのも、「没法子」のポジティブな精神に導かれてのことだった。

松下電器特別顧問の山下俊彦も、他人と自分を比較したら飢餓感ばかりが募《つの》って滅入ってしまうと忠告する。多くの場合、優れた人、恵まれた人と自分を見比べて、自分の不遇を嘆くことになるからだ。

「そうではなく、自分がいま持っているもの、自分に与えられているものを、いかに生かして勝負するかと考えるとき、初めて前向きになれるものです。その考えを推し進めていくとき、お釈迦さまが『天上天下唯我独尊』と言われたように、自分という存在はこの世にたった一人しか存在していない貴重な存在なんだという根本的事実に目覚めるんです。

そうなると、他人と比較して、ああだ、こうだと思い悩む自分を去って、誰に煩《わずら》わされることなく真に『わが道を行く』ようになる。幸福は他人との比較からは生まれてきません」

山下はそう言いながら、『孟子』の一節を示した。

「汝は汝たり、われわれたり」(万章句下)

「昔から偉い人は、人は人、われはわれと達観しています。他人との比較ではありません。自分の使命感に徹することです」

人生を楽しむ

君子は入《い》るとして自得《じとく》せざるなし。快々《おうおう》として楽しまずの字《じ》、ただ功利《こうり》の人、これを著《つ》く。（『言志耋録』一三六条）

（『中庸』章句十四章に、「立派な人物はどこにいても、どんな地位にいても、不平を抱かず、それぞれの地位に応じて、するだけのことをして、けっしてあくせくしない」とある。快々《おうおう》として楽しまずということは、功名利益をむさぼっている人が心中に抱いていることである）

住友生命元社長の新井正明は二十五歳のとき、戦場で片足を失った。満州奥地の戦場から内地に送り返され、陸軍病院に入院しているとき、一高の友人で、弁護士の堀切真一郎が、学友の丸山真男（東大名誉教授）の肩につかまって、見舞いに来た。

堀切真一郎は中学時代に小児麻痺にやられている。従って一人では通学できないので、ダットサンで一高に送ってもらっていた。もの珍しさもあって、新井はその車に乗せてもらい、あちこち連れていってもらったこともあった。

堀切真一郎の父、堀切善兵衛は大蔵官僚から政治家になった人で、大蔵次官やイタリア大使などを歴任したのち、政友会から国会に出ていた。新井は、だから堀切は裕福で、自動車で通学できるのだろうとしか、考えていなかったのだ。

見舞いのときも、足の悪いことなど少しも感じさせない堀切の態度に、

(堀切のやつはすごいなあ)

と新井はすっかり感心してしまった。同じ境遇に置かれてみて、堀切のように何事もないように振る舞うのは至難の業だと知ったからだ。

そんな矢先、堀切真一郎の母親が大輪のバラをたくさん持って見舞いに来た。

堀切の母は新井を慰めて言った。

「うちの真一郎はわりに小さいときから脚が悪かったので、端《はた》で心配するほど、本人は気にしていません。でも新井さんは急に脚をなくされて、さぞかし大変でしょう」

新井は意気消沈してはいられない。堀切の真似をして強いて快活に振る舞った。

「いや、お母さん、ものは考えようです。真一郎君は脚が悪かったために、運動会にも出られなかった。海へも山へも行けなかった。その点、私はたいていのことはやってきましたから、真一郎君よりは幸せです」

そう言ったとたん、新井には閃《ひらめ》くものがあった。

（そうだ、ないものねだりしてもしようがない。真一郎君より恵まれたことは確かだ。人間、暗いところばかりを見つめれば暗くなる。明るく考えている人間は、おそらく運命からも愛されて、明るく幸せな人生を送ることができるのではないか——）

将来をくよくよ考え、悲観しがちだった新井にようやく曙光《しょこう》が見えてきた。

職場に復帰し、健常者には負けまいとして頑張る新井に、あるとき上司が、住友本社の人事部長をしている田中良雄も膝から下がないんだと教えてくれたのだ。新井はそう聞いてショックだった。そんな気配は微塵も見せないのだ。それどころか、田中は著書『職業と人生』などによっても、人々に大きな影響を与えていた。新井は深く考えさせられた。ますます自分の悲しみに拘泥しないで、前向きに取り組まなければならないと知らされた。

己を失えば、人も失う

己れを喪《うしな》えばここに人を喪う。人を喪えばここに物を喪う。（『言志録』一二〇条）

（己を失う、すなわち自信がなくなると、友人を失う。人の信頼を失うと物も失ってしまう）

信頼は人が勝ち得ることができるものの中で、最大のものである。事業の失敗は、取引先が倒産したとか、売掛金を回収できなかったとか、製品開発に予想以上の金を使ってしまったとか、直接的にはいろいろあるが、決め手となるのは、

「己れを喪えばここに人を喪う。人を喪えばここに物を喪う」

である。管財人の神様と言われた早川種三《たねぞう》は、元日本精工会長の今里広記《いまざとひろき》のことを、

「縁の下の力持ち。決して表に出ようとはしない人だった。だからこそ、人望が厚く、たくさんの人から信頼されたのです」

と回想する。事業を成功させようとすると、売上高に一喜一憂しがちだが、「己れを喪《うしな》えばここに人を喪う。人を喪えばここに物を喪う」ことを忘れてはならない。人を失えば物を失うと自覚するとき、自分の人格陶冶《とうや》と事業の発展は結びついてくる。日本精工より大きい会社はいくらもあるが、なぜ今里広記があれほどに財界活動において力を発揮したかという秘密が、早川の言葉にはある。

それにしても、「利は義の和なり」(『易経』)は名言だ。利は結局は義のあるところからしか生まれてこない。安岡正篤は『論語の活学』で、利についてこう書いている。

「『論語』里仁《りじん》篇に、『利によって行なえば怨み多し』とある。これは今日でも同じことで、

人々はみな利を追って暮らしているが、利を求めてかえって利を失い、利によって誤られて、際限もなく怨みを作っている。それは『利とは何であるか』ということを知らないからである」

短絡的に利を求めても成功しない。

どんなときでも自分を見限ってはならない

「已れを喪う」とはまた「自分に見切りをつける」とも解釈される。自分を見限る、自分を捨てる――その結果として「自暴自棄」になることほど、恐ろしく悲しいことはない。

『論語』は修身の教科書で、あれをしてはいけない、これをしてはいけないなどという四角四面の倫理の本かというと、そうではない。少なくとも私には、涙なしには読めないシーンがいくつもある。たとえば『論語』雍也《ようや》篇に、弟子の冉求《ぜんきゅう》が孔子にこう訴えるシーンがある。

「先生、私は先生の教えを喜ばないわけではありませんが、私の力がそれに及ばないのです」

ところが孔子は冉求を諭して言われた。

「冉求、そうではない。真に力の足りない者ならば、一所懸命努力はしても、どうしても力及ばず、途中で力尽きて倒れてしまう。しかし、お前の場合、自分は駄目だと、最初から自分に見切りをつけている。これでは目標を達成できるはずがないではないか」

冉求を見つめる孔子の眼差しは、限りなく悲しかった。自分で自分の力を見限り、自分を見捨てている冉求。それは、無限の可能性を与えられているにもかかわらず、「自分には力がない」と自分を見捨てているわが子を、黙って見つめなければならない天の眼差しにも通じていた――。

冉求は号泣した。引っ込み思案な自分。後ろ向きな自分。自信のない自分。胸を叩いて自分を責める冉求に、孔子は言った。

「冉求、お前がお前を見限ったら、お前を創り、お前を生かし、お前を支えてくれている天はいったいどうしたらいいのだ。自分を見限るということは、つまり天を見捨てることなんだぞ」

原文では「今汝《なんじ》は画《かぎ》れり」となっている。「画《かぎ》る」とは、自分で一線を引いて、これ以上進めないと限定してしまうことを意味している。他人がお前は駄目だと烙印を押すのではない。自分が自分に押すのだ。これ以上残酷なことがあろうか――。

私はこの個所を読むたびに、まるで孔子が自分に語りかけているような思いに駆られ、目頭が熱くなってしまう。そして「自分で自分を見限ってはいけない」と言い聞かせ、再挑戦を誓うのである。

だから『論語』は私にとって、単なる倫理の教科書ではない。宇宙の真理を教えてくれ、自分自身に気づかせてくれる貴重な本なのである。『論語』は哲人の語録であり、弟子たちとの言行録である。そこから何を汲み取るかは読者の心にある。

宇宙との一体感が人間をさらに大きくする

人と万物とは畢竟《ひっきょう》地を離るること能《あた》わず。人と物とみな地なり。いま試みに且《しば》らく心を六合《りくごう》の外《ほか》に游《あそ》ばせ、もって世界を俯瞰《ふかん》するに、ただ世界の一弾丸黒子《こくし》の如きを見るのみにて、しかも人と物とは見るべからず。ここにおいて思察《しさつ》す。「このうちに川海《せんかい》あり。山岳あり。禽獣《きんじゅう》、草木あり。人類あり。渾然《こんぜん》としてこの一弾丸をなす」と。著想《ちゃくそう》してここに到らば、乃《すなわ》ち人と物との地たるを知らん。(『言志録』一九七条)

(人と万物とは、この地表を離れることはできない。人も万物もみな地の気でできている。今試しにしばしの間、心を天地の外に遊ばせて全世界を見渡したとしたら、世界は三つの黒い球のように見えるだけで、人も物も見えないだろう。そこで私は思索する。「この小さな球の中に、川も海も山もある。鳥、獣《けだもの》がおり、草木が生えており、人間も住んでいる。これらが渾然《こんぜん》一体となって、この小さな球をつくっているのだ」
こう考えてくると、人も物ももともと地であることがわかる）

名古屋に白い頬ひげを生やした老船長がいる。弓場通義《ゆばみちよし》船長は長らく大阪商船三井船舶の外航船の船長を務め、船長歴は二十五年になるベテランだ。南米への移住船〝ぶらじる丸〟〝あるぜんちな丸〟、外貨獲得のための日本産業見本市船〝新さくら丸〟の船長をはじめ、客船〝にっぽん丸〟の船長として日本の外洋客船の灯を守ってきた。この間、地球を八十六周し、海に面したほとんどの国を訪問している。

国や県の青年の船、企業や組合の友好船、ハワイ・ミッドウェー・硫黄島などへの慰霊の船など、教育の船の船長は三百回を数え、「海の上の教育者」としても有名である。

大入道のような大きな体に日焼けした頭が乗っかり、そこに人を魅了せずにはいない笑みをたたえた目が輝いている。その弓場船長が一番好きな海はソロモン海だという。

船がソロモン海に入り、赤道を通過するころになると、赤道無風帯に遭遇する。海面は油を流したように静かになり、まるで鏡面のように反射する。夜になると、地球に一番近い恒星ケンタウルスが輝き出す。アルファ・ケンタウルとベータ・ケンタウルが仲良く並び、この二つの星の延長線上に南十字星《サザンクロス》が傾いている。このサザンクロスとケンタウルスの間から、天空を二分して、北の十字架である白鳥座に向かって、銀河がとうとうと流れている。

こんなとき、船べりから海面をのぞくと、銀河をはじめ満天にきらめく星が海面に映り、船が作り出す波でゆらゆら揺れている。まるで船は天空に飛翔《ひしょう》し、銀河の中を航海しているようになる。頭上に大宇宙が広がり、足元の海にも大宇宙がきらめき、壮大なドラマが現出する。

こんなときは一人でも多くの人にこの光景を見てもらいたいと、たとえ真夜中であろうと、船内放送のマイクをにぎる。

「船客の皆様、ただいま船は銀河の上を飛んでいます。さあ、デッキに出て、壮大な宇宙ショーをご覧になってください」

何々、船が銀河の上を飛んでいるって、それはいったいどういうことだと、ぞろぞろデッキに出てきた船客は、予想を絶した壮大な景観の展開に、言葉を失って棒立ちになる。

……！

もう声も出ない。魂を根底から揺さぶられて、見入っている。

広大な大宇宙の一小宇宙でしかない銀河系には、太陽のような質量をもった星が一千億個もある。そんな小宇宙が一千億個も集まって大宇宙を形成しているのだが、その大宇宙が頭上にも足下にも広がり、自分はその真っ只中に浮かんでいるのだから、身震いしてしまうのだ。

自分は小宇宙であり、たった一人しかない貴重な存在なのだと千万遍聞かされてきたことが、ここでは実感以上の実感として、身震いする。驕《おご》りたかぶった気持ちなどいっぺんに吹き飛んで、人間もまた運命を分け合った大宇宙の一生命であることを知らされる。一生命だからこそ、他の生命のことを気づかい、棲み分けて、地球環境を護《まも》っていかなければならないことに気づかされる。

弓場船長は言う。

「最近、〝地球にやさしい〟とか〝自然を保護しよう〟などという言葉が氾濫していますが、私は逆に、そこに単なるポーズや人間の傲慢さを感じてしまって、どうも好きになれません。あの光景を見たら、私も宇宙であり、正真正銘の自然であると実感します。自然の対語が人間だという考え方がおかしいことに気づかされますよ」

自然はわれわれに、さまざまなことを教えてくれているのである。

一斎が江戸時代に既に、宇宙と人間を俯瞰し、これらは渾然一体であると説いていたのがうれしい。宇宙との一体感が人間をさらに大きくするのだ。

至正至大《しせいしだい》の正気を生きる

濁水《だくすい》もまた水なり。ひとたび澄めば清水となる。客気《かっき》もまた気なり。ひとたび転ずれば正気《せいき》となる。逐客《ちっかく》の工夫はただこれ克己《こっき》のみ。ただこれ復礼《ふくれい》のみ。（『言志晩録』一七条、『南洲手抄言志録』五六条）

（濁水《だくすい》もまた水であって、ひとたび澄めば清水となる。空元気《から》も気であって、一転すれば、至正至大の正気となる。空元気を追い払い、正気にする工夫は、自分に打ち克《か》ち、正しい礼に返り、それを踏み行うことである）

「自分は能力がないのではないか。この道ではやっていけないのではないか」と人は誰しも一度は自分の能力のなさを嘆き、向き不向きを考える。自分は濁水でしかないのではないか、能力がないのではないかと迷う――。

私もそんな一人だが、一斎が「濁水もまた水なり。客気もまた気なり」と、ふがいない現状を認めてくれる言い方には非常に慰められる。

「そうではあるけれども、一転すれば、清水になり、正気になる。その秘訣は……」

と言われると、何だろうと関心をそそられる。一斎は「克己《こっき》復礼」と説いている。古来から、優れた人物の航跡をたどってみると、彼らはこの「克己」において、常人ではない努力をしていることがわかる。新井白石においてしかり、中江藤樹においてしかり、外国に目を転じると、ガンジーしかり、ヘレン・ケラーしかりだ。これらの人々は、決意したらすぐ行い、いったん着手したら、途中では絶対やめない。

新井白石が書いた『折たく柴の記』を見ると、九歳の折、主君から、毎日、日のあるうちに行書、草書三千字、夜になって千字書いて出すよう命じられ、これを遂行するために次のような工夫をしたそうだ。

冬になって日が短くなってくると、日課が終わらないうちに、日が暮れる。そこで日を追って西日の当たる縁側に机を出して、書き続けた。夜の課業のときは眠気を催《もよお》してくる。眠気を催してくると、着物を脱ぎ、竹縁に出してある手桶《ておけ》の水を被って課業を続けた。それでもしばらくして温かくなると、また眠くなる。そこでまた手桶の水を被る。だいたい二回被ると、夜の課業が終わったという。

「これを好む者はこれを楽しむ者にしかず」

人は人の名声を見るとき、スポットライトの当たった部分だけを見て拍手を送り、その業績の背後にある努力奮闘に目を向けることはしない。また、それは偉い人だからできたことであって、自分など凡人にはとうていできないことだと、端《はな》からあきらめてしまう傾向がある。

松下電器特別顧問の山下俊彦は、若いころ、毎日毎日決まりきった仕事に嫌気がさし、会社を辞めようと思ったことがあった。そんなとき、『論語』雍也《ようや》篇の、

「これを知る者はこれを好む者にしかず。これを好む者はこれを楽しむ者にしかず」

（何事も、これを知っているというだけでは、それを好きだという人の力には及ばない。それが好きだという人より、それを楽しんでいる人がもっと上である）

を知り、愕然《がくぜん》とした。自分は仕事の手順には習熟しているが、まだ好むまでには至っていない。その好む人さえ、楽しんでいる人にはとうていかなわないという。

（これは決まりきった仕事だと嫌になっていた自分に問題があるのではないか。仕事を好み、楽しめるまでとことんやってみよう）

そう反省し、心を入れ替えて、仕事に取り組んでみると、創意工夫すべきことがたくさん出てくる。ここから仕事に没頭するようになったという。そうなって初めて、つぎの名言の意味が出てくるのである。

「自分が必要な人材であるという自信ほど、その人にとって有益なことはない」（デール・カーネギー）

3 人生の勝利者

自分を磨く人生の美しさ

少《わか》くして学べば、則ち壮にして為すこと有り。壮《そう》にして学べば、則ち老いて衰えず。老にして学べば、則ち死して朽ちず。（『言志晩録』六〇条）
（少年のとき学べば、壮年になって名をなすことになる。壮年のとき学べば、老年になっても精神的に衰えることはない。老年になってもなお学べば、死んでもその名は朽ちることはない）

有名な言葉で、これを座石の銘とし、勉学に励んでいる人は多い。『論語』の開巻第一に、「学びて時にこれを習う。また説《よろこ》ばしからずや」とある学も、この知行の学を指す。中国や日本の古典には、「学ぶ」「学問」という言葉がよく出てくる。もちろんこれは今日の学校などで言う「勉強」ではなく、宇宙の真理、人生の哲理を学び、それを身につけるために切磋琢磨《せっさたくま》するということである。

普通、人間が「このままではいけない」という思いに駆られ、人生に哀惜の念を起こすようになるのは、残念ながら四十歳前後のことである。それまでは人生は一度しかないという冷厳な事実も、頭では知っていても体では知らず、外物に興味を奪われて、あっちにフラフラ、こっちにフラフラしているものである。

だから人間、本当に勉強し始めるのは四十歳を過ぎてからなのだが、では若いときは何もせずに、気づくまで待っていたほうがいいかというとそうではない。本当には意味はわかっていなくても、小さいとき、若いとき、宇宙の真理、人生の哲理といったものを学んでいたほうがいい。そうすると、何か問題に直面したとき、それらのことを思い出し、

「ああ、あれはこのことを言っていたのか！」

と発見することになる。そういう人のそれからの成長は速い。何も知らなかった人の何倍も早いスピードで目覚めていく。

松柏《しょうはく》のごとく生きるのが最高

昭和四年（一九二九）生まれの神戸電鉄元社長・一本松康雄の人生は、「少《わか》くして学べば――」を実感させてくれる。父親は小学生の一本松に旧制甲南高等学校の元教授を家庭教師と

してつけ、頼山陽《らいさんよう》の『日本外史』や『十八史略』『古文真宝《こぶんしんぽう》』などを学ばせた。そのおかげで、返り点も送り仮名もない白文を読めるようになり、『古文真宝』は暗誦するほどになった。

周知のとおり、『古文真宝』は『楚辞』以下、中国歴代の名作を広く網羅しており、先哲の精神を酌《く》むのには、最適の書物である。従ってこの書を暗記するまでやったということは、聖賢の大事な言葉はほぼ暗誦していたことになる。事実、一本松は自分の精神形成にこの書が果たした役割は大きかったという。『古文真宝』のあとは『大学』『中庸』へと進むが、この『大学』で「立志」の意味合いについて目覚めた。

「身修まって、家斉《ととの》う。家斉って、国治まる。国治まって、天下平らかになる。つまり、天下を平らかにしたいという大きな志も、身を修めることからしか始まらないのだ。すべては自分が原点なんだ。他の誰でもない、自分が出発点なんだ。修身がすべての基本なんだ」

この気づきは大きかった。いっそう勉学の主体を、「自分を作る」ことに置いた。

昭和二十年（一九四五）、敗戦という未曾有《みぞう》の経験を経て、価値観が一変し、日本的なもの、東洋的なものは封建的として否定された。そんなとき、旧制神戸一中の四年生だった一本松は、

「日本には日本の伝統があるのだから、そんなに何もかも否定すべきではない。日本は戦争では負けたかもしれないが、文化で負けたのではない」

と言って、時代の風潮に抵抗したという。

旧制一高、東大を経て、阪急電鉄に入社して専務になり、平成四年（一九九二）には神戸電鉄の社長に就任した。一本松は自分のことを、「草莽《そうもう》の臣」という。草莽とは『孟子』に出てくる言葉で、「国に在るを市井《しせい》の臣といい、野に在るを草莽の臣という」（国家に仕えている人を市井の臣といい、野にあって田を耕し、権力は持たないけれども、じっと国の運命を考えている人を草莽の臣という）に由来している。つまり、野にあって、じっと国の行く末を案じている者を言う。そんな一本松に人生観を聞くと、草莽の志を支える一つ、「操守《そうしゅ》」、つまり「操《みさお》を守る」と答えた。

『論語』にこんな言葉がある。

「歳寒うしてしかるのち、松柏《しょうはく》の凋《しぼ》むに後《おく》るるを知る」

季節が寒くなってくると、春や夏、緑を謳歌していたきらびやかな木はみんな散ってしまう。そんなときになって初めて、常緑樹の松柏が地味ではあるものの、緑の葉を保ち続けていたことがわかる——。美しい詩篇だ。一本松はそんな松柏のような生き方をしたいと言う。

一本松は社外の勉強会に講師として呼ばれることが多い。伊丹市の有志が毎月一度集まって開かれている伊丹師友木鶏会《もっけいかい》もその一つだ。ここでは『葉隠《はがくれ》』をテキストにしたこともあるが、ビジネスマンの心得として、学ぶべきものが多いという。かくして一本松は公私ともにますます忙しい毎日を送っている。

壺中の天を楽しむ

人は須《すべか》らく忙裏《ぼうり》に閒《かん》を占め、苦中《くちゅう》に楽を存する工夫を著《つ》くべし。（『言志耋録』一一三条、『南洲手抄言志録』九八条）

（人は忙しい中にも静かなときのような心を持たなければならない。また、苦しみの中にあっても、楽しみを保つ工夫をしなければならない）

私たちは一つのことにのめり込みがちになる。でも感情的にそうなったらもう駄目で、バランスを失い、公正な判断ができなくなってしまう。忙しさに追われて自分を失い、苦しさに耐えかねて前後を見失ってしまっては、元も子もなくしてしまうことになる。

古人はその危険をよくよく承知していて、どんな中にあっても渦中から一歩退いて、高所からものを見るようすすめている。禅も静かに座ってやるばかりが坐禅ではなく、動中禅といわれるように、忙しい動きの中に禅の境地を求めよと言われる。

私たちが尊敬できる人とは、決してあわてふためかない人である。埋没しない人である。私たちもそうなるためには、こうしたことをよくわきまえていて、日ごろから訓練しておく必要があろう。

一斎は『言志晩録』にこう言う。

「薬物は、甘《かん》の苦中より生ずるもの多く効あり。人もまた艱苦《かんく》を閲歴《えつれき》すれば、則ち思慮おのずから濃《こま》やかにして、恰《あたか》も好《よ》く事を済ます。これと相似たり」（二〇四条）

（薬は甘味が苦味の中からにじみ出してくるようなものが、多く効能がある。人間も同じで、艱難辛苦を経験すると、自然に細かなことにも配慮が行き届くようになり、よく事を成就できるようになる。これとよく似ているではないか）

『後漢書』の故事の「壺中《こちゅう》の天」も、私たちに多くのことを語ってくれる。

あるとき費長房《ひちょうぼう》が楼閣から市場を見下ろしていると、薬を売っている老翁がいた。老翁は薬を売り終わると、店頭にかけてある壺の中に入ってしまった。長房が老翁に頼んで、その壺の中に入らせてもらうと、そこには宮殿楼閣があり、山海の珍味が満ちていたという。

この故事から「壺中の天」とは、俗界と切り離された別天地、即ち仙境のことを指し、それから転じて、酒を飲んで俗世間を忘れる楽しみをも指すようになった。私は元々の意味で、「壺中の天を持つ」とはつまり自分だけの世界を持てという先人の知恵と解釈している。

人間学で不動の自分をつくろう

毀誉得喪《きよとくそう》は、真にこれ人生の雲霧《うんむ》なり。人をして昏迷《こんめい》せしむ。この雲霧を一掃すれば、則ち天青く日白し。（『言志耋録』二一六条、『南洲手抄言志録』二一条）

（誹《そし》られたり、誉められたり、地位や利益を失ったりすることは、人生において雲や霧のようなはかないものである。ところが、人はそれに迷う。だからその雲霧《うんむ》を一掃すれば、からりと晴れた青天の白日のように、迷うことはなくなってしまう）

人間は弱い存在である。「人の目を気にするな、わが道を行け」と言っても、なかなかそうできない。まさに「人をして昏迷せしむ」のである。「自分を作る」とは、毀誉得喪に迷わない自分を作るためと言っても過言ではない。そしてそこに今日見直されている「人間学」の意味がある。

「人間、いかに生きるか」を追求する人間学の一つの柱になっているのが、先人たちの歩みを知ることである。優れた人物の生きざまはわれわれを奮い立たせ、生きていくうえでの指針を与えてくれる。優れた人の伝記や書き残したものを読むのは、自分の弱さに妥協し、志操の低い人生を歩まないためなのである。

東京学芸大学名誉教授の山崎道夫《みちと》は九十歳を越えてなお、佐藤一斎ゆかりの湯島聖堂で『論語』を講じている。少しも年齢を感じさせないどころか、ますます後学の者たちを振起させている。その山崎は大東文化高等科の学生時代、山田方谷《ほうこく》の孫である山田済斎《せいさい》にこう教えられたという。七十有余年前のことである。

「諸君は温故《おんこ》的知新者たれ。『故《ふる》きを温《たず》ねて新しきを知る』の温故と知新の間に、なぜ〝的〟を介するかというと、これによって、温故的知新者、知新的温故者となり、温故と知新は断絶することなくつながって新味を加えてくる。温故を知らない知新者、知新をわきまえない温故者がいかに多いことか。真に人の上に立つ者は温故的知新者でなければならない」

先人の跡を学び、それを自分の人生に生かす。そこにこそ書を読み、友と語り合うことの意味があると言えよう。

サミュエル・スマイルズの『自助論』は、初版が出版されたのは一八五七年の七月だから、一四五年前の書物である。イギリスの絶頂期のころの書物で、発売とともに大反響を呼び、各国でも翻訳出版が相次いだ。日本でも明治四年（一八七一）、これも佐藤一斎の直弟子である中村正直訳で『西国立志篇』として出版されてベストセラーとなり、総計百万部も売れている。

「天は自ら助くる者を助く」という有名な言葉で始まるこの本は、自分に打ち克ち、大を成すに至った人々の話が網羅されており大変に啓発される本である。言わば、人間学の扉を開いた本ともいえる。

この本の出版は、日本ではペリーが来航して開国か鎖国継続かでもめ、結局、開国に踏み切ったあとであり、安政の大獄で国中が揺れ動いているころである。つまり、この『言志四録』の出版が完結したころでもある。

欧米ではイギリスの絶頂期で、アヘン戦争を通して香港を手に入れ、ムガール帝国を滅亡させてインドを併合したころ。アメリカでは南北戦争が始まり、ドイツではビスマルク時代が始まったころである。そのころの人間学の本が今もなお書店に並び読まれているのだから、「いかに自分に打ち克つか」というテーマは、古いけれどもなお新しいということがよくわかる。

イギリスの詩人テニソンにこういう言葉がある。

Self-reverence, self-knowledge, self-control,——
These three alone lead life to sovereign power.
(自分を尊重すること、自分を知ること、自分を治めること——この三つのみが生涯を導いて王者の地位に到達させせる)

洋の東西を超えて、毀誉得喪に振り回されない青天白日の自分をつくることが模索されてきたのである。

あとがき

自己実現をめざす人に

本からではなく、実生活の中から学んで「経営の神様」と言われた松下幸之助は、『新しい人間観の提唱』の中でこう述べている。

「まことに人間は崇高にして偉大な存在である。お互いにこの人間の偉大さを悟り、その天命を自覚し、衆知を高めつつ、生成発展の大業を営まなければならない。長久なる人間の使命はこの天命を自覚することにある」

しかしながら、人間の偉大さは、個々の知恵、個々の力だけでは十分に発揮できるものではない。多くの人々の知恵が自由に何の妨げもなく融合されるとき、総和の知恵が一人ひとりの天命を生かすようになる。

大阪府門真《かどま》市の松下電器産業の本社前に、松下幸之助は祠《ほこら》を建てた。「根源社」と言う。祀《まつ》ってあるのは万物を生成発展せしめている宇宙の根源の力である。そして、それを感得できるのは「素直な祈念」だと言う。

幸之助は誰にも耳を傾け、話を聞いた。素直こそが、人々の知恵と力を結集できる唯一の道だと自覚すればこそ、幸之助は根源社という祠を建てて、素直になろう、謙虚になろうとしたのだ。『老子』は第八章に次のように言っている。

「――最上の善は水のようなものである。水はあらゆるものに恵みを与えながら、どんな器にも地形にも自在に従う。人々が見下しがちな低いところにも流れていき、そこに居る。態度は低いのがいい。心は深いほうがいい。人との交わりは仁あることを善《よ》しとし、言葉は信があるのを善しとする。こうすれば自然と争いごとから遠ざかり、誤りもなくなるから、道に叶う」

素直になる、甘んじて受ける。そしていつも下坐にいて身を慎むことで、自己実現しやすくなる。そしてこれらのことを日々の生活の中で実践したら、こんな水のような姿になるのではなかろうか。本書でもたびたび引用した坂村真民さんの詩を再度引用したい。

こちらから　あたまをさげる
こちらから　あいさつをする
こちらから　手を合わせる
こちらから　詫びる
こちらから　声をかける

すべてこちらからすれば
争いもなく　なごやかにゆく

こちらからおーいと呼べば
あちらからもおーいと応え
赤ん坊が泣けば
お母さんが飛んでくる

すべて自然も人間も
そうできているのだ
仏さまへも
こちらから近づいてゆこう
どんなにか喜ばれることだろう

先人たちの知恵を地に落とすことなく、見事な人生にしたいものである。

著者識

主要参考文献

「父と母――わが青春回顧」吉田茂（『改造』昭和二十五年一月号）
「世界と日本」吉田茂（『育ての親・私の養母』／番町書房）
『宰相吉田茂』高坂正堯（中央公論社）
『儒教とは何か』加地伸行（中公新書）
『西郷南洲遺訓』山田済斎編（岩波文庫）
『翔ぶが如く』司馬遼太郎（文藝春秋）
『東洋人物学』安岡正篤（致知出版社）
『後世への最大遺物』内村鑑三（岩波文庫）
『書は心』坂村真民（まだま村）
『播磨灘物語』司馬遼太郎（文藝春秋）
『生きよう、今日も喜んで』平澤興（関西師友協会）
『続有訓無訓』日経ビジネス編（日本経済新聞社）
『幽翁』西川正次郎（図書出版社）
『立腰教育入門』森信三（不尽叢書刊行会）
『言志四録』佐藤一斎著　川上正光全訳注　第一～四巻／（講談社学術文庫）
『呻吟語』荒木見悟（講談社学術文庫）
『清貧の思想』中野孝次（草思社）
『自叙伝』ガンジー（『人類の知的文化遺産』第六十三巻／講談社）
『落日燃ゆ』城山三郎（新潮社）
『一日一語』森信三（自費出版）
『論語の活学』安岡正篤（プレジデント社）
『折たく柴の記』新井白石（『日本の名著』第十五巻／中央公論社）
『自助論』スマイルズ　竹内均訳（三笠書房）
（＝『西国立志編』中村正直訳）
『新しい人間観の提唱』松下幸之助（ＰＨＰ研究所）
『近世藩校の総合的研究』笠井助治（吉川弘文館）
「補正・佐藤一斎先生譜」田中佩刀（『明治大学教養論集』

九十九号）
『西郷南洲手抄言志録講話』桂樹亮仙（修道僧院）
『評伝吉田茂』猪木正道（読売新聞社）
『朱子学と陽明学』島田虔次（岩波新書）
『人類の知的遺産第十九巻　朱子』三浦国雄（講談社）
『中国詩人伝』陳舜臣（講談社）
『論語の講義』諸橋轍次（大修館書店）
『幻の講話』第一〜五巻　森信三（森信三全集刊行会）
『宇宙船〝地球号〟より愛をこめて』弓場通義（ＡＢＣフォーラム）

著者プロフィール

神渡良平（かみわたり・りょうへい）
昭和23(1948)年、鹿児島県生まれ。九州大学医学部中退後、さまざまな職業を経る。38歳のとき、脳梗塞で倒れ右半身不随に陥り、闘病生活の中で、「人生は一回しかない」ことを骨の髄まで知らされる。懸命なリハビリによって社会復帰できたが、そのときの「貴重な人生を取りこぼさないためにはどうしたらいいか」という問題意識が、作家となった現在、重低音のように全作品を流れている。
主な著書に『宇宙の響き　中村天風の世界』『下坐に生きる』『地《ぢ》湧《ゆう》の菩薩たち』『中村天風の言葉』『天命に生きる』（致知出版社）、『宰相の指導者　哲人安岡正篤《まさひろ》の世界』『安岡正篤人生を拓く』『安岡正篤人間学』（講談社）、『一隅を照らす人生』『春風を斬る・小説山岡鉄舟』（ＰＨＰ研究所）、『マザー・テレサへの旅路』（サンマーク出版）、『生き方のヒント』（大和出版）『「人生二度なし」森信三の世界』（佼成出版社）などがある。日本文藝家協会会員。

◎連絡先住所
〒285-0831　千葉県佐倉市染井野５－26－11
電話　043-460-1833　　FAX　043-460-1834
E-mail　kami@kb3.so-net.ne.jp
ホームページ
http://www02.u-page.so-net.ne.jp/kb3/kami/

佐藤一斎「言志四録」を読む

平成十五年二月十一日第一刷発行

著者　神渡良平
発行者　藤尾秀昭
発行所　致知出版社
〒107-0062東京都港区南青山六の一の二十三
TEL（〇三）三四〇九―五六三二
印刷・製本　中央精版印刷
落丁・乱丁はお取替え致します。　（検印廃止）

ISBN4-88474-640-6 C0095
ホームページ　http://www.chichi.co.jp
Eメール　books@chichi.co.jp